어쩌면 나는 회고록을 두 번 쓸지도 모른다

어쩌면 나는 회고록을 두 번 쓸지도 모른다

초판 1쇄 발행 2024년 5월 20일

글쓴이 노정호
펴낸이 장길수
펴낸곳 지식과감성#
출판등록 제2012-000081호

교정 정은솔
디자인 오정은
편집 오정은
검수 주경민, 정윤솔
마케팅 김윤길, 정은혜

주소 서울시 금천구 벚꽃로298 대륭포스트타워6차 1212호
전화 070-4651-3730~4
팩스 070-4325-7006
이메일 ksbookup@naver.com
홈페이지 www.knsbookup.com

ISBN 979-11-392-1865-7(03810)
값 13,000원

- 이 책의 판권은 지은이에게 있습니다.
- 이 책 내용의 전부 또는 일부를 재사용하려면 반드시 지은이의 서면 동의를 받아야 합니다.
- 잘못된 책은 구입하신 곳에서 바꾸어 드립니다.

지식과감성#
홈페이지 바로가기

어쩌면 나는 회고록을 두 번 쓸지도 모른다

글쓴이 노정호

목차

들어가는 말　　　　　　　　　　　　　　　　8

1장. 최초의 절망
1. 나의 어린 시절　　　　　　　　　　　　10
2. 어린 꿈나무　　　　　　　　　　　　　　14
3. 아버지의 신앙생활　　　　　　　　　　　17
4. 공부와 운동도 잘했는데……　　　　　　19
5. 불치의 병! 절망이 시작되다　　　　　　24

2장. 일찍 일어나는 새가 벌레를 잡는다
1. 청운의 꿈을 품고 상경한 촌놈, 조수 노릇부터 하다　　27
2. 집사 노릇을 하다　　　　　　　　　　　　30
3. 열 번 찍어 안 넘어가는 나무 없다　　　　34
4. 마침내 내 장사를 시작하다　　　　　　　　37
5. 나이 17세: 주문자 생산 방식과 PR 사업을 시작하다　　42
6. 현대 의학으로도 치유 불가능한 눈　　　　45
7. 대홍수: 갓 피어나는 꿈을 휩쓸어 가다　　47

3장. 첫사랑
1. 풋사랑　　　　　　　　　　　　　　　　50
2. 첫사랑의 꿈같은 시간들　　　　　　　　　53
3. 벽에 부딪힌 사랑　　　　　　　　　　　　56

4장. 드디어 날개를 활짝 펴다

1. 청계천은 나의 새 터전: 공구상을 시작하다   60
2. 나이 24세: 청계천에 샛별이 떠오르다   64
3. 부산에서의 에피소드   68
4. 건강에 이상이……   69
5. 박람회: 새로운 아이디어 창출 기회   72
6. 부동산에 한눈을 팔다   74

5장. 어이없는 위기

1. 송충이는 솔잎을 먹어야   78
2. 나도 모르게 부도의 위기가! 악성 루머가 덮치다   80
3. 이럴 땐 배짱이 필요했다   82
4. 이렇게 무너질 수 없다   86
5. 나의 오기: 오뚝이처럼 다시 일어서다   87
6. 불의의 사고: 불사조처럼 살아나다   89

6장. 재도약

1. 해외로 눈을 돌리다: 이탈리아로 진출   92
2. 잠깐 이런 사업도… 틈새 사업으로!   95
3. 부동산 사업하다 이런 일도……   96

7장. IMF라는 괴물

1. 각종 회사 설립: 흥행가도를 달리다   98
2. 호사다마: 외환위기 IMF 발생   100
3. 신뢰의 상실: 뼈아픈 기억들   102
4. 살길이 막막하여… 장애인 등록   104

8장. 시각 장애자임에도 불구하고 다시 일어서다

1. 계속되는 시각 장애의 핸디캡　　　　　　　　　106

2. 시각 장애를 숨기려고……　　　　　　　　　　108

3. 시각 장애의 콤플렉스를 벗어 보려고……　　　110

4. 시각 장애자임에도 건설 사업에 성공할 수 있다　111

5. 시각 장애자임을 공표하고 콤플렉스에서 해방되다　113

6. 시각 장애자가 재기하여 오늘에 이르다　　　　114

9장. 지난 기억 속 편린들

1. 스쿠바 박람회　　　　　　　　　　　　　　　118

2. 색다른 꿈도 꾸어 봤다　　　　　　　　　　　120

3. 나에게 다가온 여인들　　　　　　　　　　　　121

4. 나이가 뭐길래　　　　　　　　　　　　　　　122

5. 새벽 운동 중 교통사고로 죽을 뻔하다　　　　　129

10장. 운명과 선택, 인연들

1. 운명은 어쩔 수 없이 받아들일 수밖에……　　　135

2. 인연을 소중히 하고 멀리 보고 사귀어라　　　　138

3. 기억에 남는 사람들　　　　　　　　　　　　　142

4. 한약국 아들: 고위 관료가 된 친구　　　　　　147

5. 용돈벌이 나가는 전직 교사 친구　　　　　　　151

6. 교수가 된 학구파 친구　　　　　　　　　　　156

11장. 가족 이야기와 현재의 삶

1. 부모 형제 이야기   162
2. 나의 결혼 이야기   166
3. 아내 이야기   169
4. 아이들 이야기   172
5. 손녀, 손자 이야기   175
6. 두 사돈 이야기   177
7. 회사 경영 이유와 돈 버는 목적   179

12장. 나의 조언들

1. 목표 의식을 가져라: 뜻이 있는 곳에 길이 있다   183
2. 모든 걸 관찰하라   185
3. 모든 일에는 단계를 밟아라   186
4. 실패는 성공의 어머니   187
5. 선진국을 견학하고 후진국도 둘러보라!   188
6. 먼저 꿈꾸고 도전하라   189
7. 함께 나누고 베풀어라   191
8. 이 세상 사람들이 모두 스승이요, 이 세상이 교과서이다   193

13장. 어쩌면 나는 회고록을 두 번 쓸지도 모른다

1. 일론 머스크: 시각 장애자에게 희망을 주다   198
2. 시각 장애가 극복된다면 해 보고 싶은 것   200
3. 제2의 인생을! 두 번째의 회고록을 쓰고 싶다   203

들어가는 말

　고희를 넘긴 나이에 내 지나온 삶을 되돌아보면서 시각 장애자로서 난 내가 누구보다 치열하게 살았음을 인식한다. 나의 인생은 그야말로 끝없는 확인과 점검, 야망과 도전, 절망과 극복, 시련과 자기 단련의 연속이었다. 난 별것 아닐 수도 있는 나의 인생 이야기를 통해 사람들에게 도전과 용기, 희망과 위안을 주고 싶은 마음에서 이 글을 적어 본다. 이 글은 여러 가지 고난에 부딪히면서도 굴하지 않고 꿋꿋하게 이겨 내어 용기 있게 인생을 개척한 한 노인네의 이야기이다.

　아울러 노욕을 더 부려 본다면
　인간의 뇌에 컴퓨터 칩을 이식하여 시력이 회복될 수 있다면
　새롭게 제2의 인생을 시작하고
　한 번 더 회고록을 쓸 수 있는 기회가 오기를 간절히 빈다.

1장. 최초의 절망

I. 나의 어린 시절

나는 어두컴컴한 곳을 좋아한다. 그곳에서는 누구도 내가 장애자라는 것을 알아차리지 못하기 때문이다. 시각 장애자인 나는 6.25 동란의 어려운 시절에 태어나 힘겨운 삶을 살아왔지만, 지금은 평온한 삶을 누리고 있다. 먼저 나의 어린 시절 이야기부터 시작해 보겠다.

나는 충청남도 연기군(현 세종시)에서 태어났다. 다섯째로 태어난 나는 가세가 넉넉하지 않은 환경 속에서 자랐다. 1910년생인 아버지는 원래 청주에서 포목 장사를 하셨지만, 내가 태어난 이후에는 종교에 깊은 신앙심을 가지셨다고 들었다. 큰누나와 형님들은 학원에 다닐 정도로 유복한 생활을 했다고 한다. 그만큼 당시 우리 가정은 부유했던 것 같다.

1950년 6.25 동란의 상흔이 아직 뜨거웠던 시절, 전쟁의 참혹함을 피해 숨어든 사람들이 모여 만든 마을, 그게 바로 내 고향이다. 논밭도 없는 산자락에 집을 지어 살기 시작한 피난민촌은 1번 국도에서 갈라져 들어가는 막다른 동네였다. 탁 트인 평야가 아닌, 산으로 둘러싸여 오목하게 들어간 마을은 마치 작은 대야처럼 보였다.

우리 집은 꽤 커다란 한옥이었다. 마침 바로 옆에 본관 건물을 두고 있던 한 신흥 종교 단체가 우리 집을 사용하고자 했고, 아버지는 그들의 제안을 받아들여 멀리 떨어진 곳에 있는 그 단체 소속의 가옥과 맞바꾸었다. 집뿐만 아니라 아버지는 갖고 있던 대부분의 재산을 종교에 헌납하며 깊은 신앙심을 드러냈다.

종교에 심취한 아버지는 가정을 돌보는 일에 소홀했다. 원래부터 무뚝뚝하고 말이 없던 아버지였지만, 종교에 몰두한 후에는 더욱 내성적이 되어 그의 속내를 알 수 없었다. 어린 나의 눈에는 그저 기이하게만 느껴졌다.

아버지와는 대조적으로 어머니는 활달하고 외향적인 성격으로 약장사나 부업 등 대외 활동을 활발하게 했다. 하지만 나는 어머니와 그리 친밀하지는 않았다. 내가 가장 친하게 지내는 식구는 작은누나였다. 작은누나는 부지런하고 열심히 살며 악착같이 돈을 모으는 착실한 여자였다.

이른 새벽, 아직 세상이 잠들어 있는 시간, 나는 하루를 시작했다. 겨울에는 깜깜한 어둠 속에서, 여름에는 막 밝아 오는 새벽빛 속에서 나는 하루의 희망을 깨워 갔다. 식구들 중 가장 먼저 일어나 아궁이에 불을 지폈다.

당시 형수님이 살림을 맡아 밥을 지었지만, 나는 미리 아궁이에 불을 지피는 일을 스스로 맡았다. 아궁이는 옛날에 밥 짓기, 난방, 물 끓이기 등 모든 활동의 중심이었다. 아궁이에 불이 제대로 타오르지 않으면 아무것도 할 수 없었던 것이다.

새벽녘 아궁이의 은은한 불빛 아래, 전날 배운 내용을 머릿속으로 되짚어 암기하고 복습하며 하루를 시작했다. 혹시라도 숙제에서 잘못된 부분은 없는지 두세 번 반복 확인하며 완벽을 추구하는 나의 모습은 다른 친구들과는 확연히 달랐다.

허둥지둥 준비하다가 교재나 준비물을 놓고 오는 경우가 허다했던 친구들과 달리, 나는 누구보다 꼼꼼하게 준비하고 점검하며 확인하였다. 이러한 어린 시절부터 쌓아 온 꼼꼼한 준비 습관은 평생에 걸쳐 내 삶의 신조이자 기반이 되었다. 이 습관은 나의 성공적인 삶을 위한 중요한 토대가 되었고, 긍정적인 영향을 미쳤다고 생각한다.

꽤 큰 집에서 형제들이 각방을 사용했는데, 나의 방은 가장 작았다. 그러나 그 작은 방은 나에게 최고의 학습 공간이었다. 산수와 국어책 등을 놓고 씨름하며 시간 가는 줄 몰랐다. 특히 모르는 산수 문제가 나오면 알게 될 때까지 몇 번이고 다시 풀었다. 끝내 정답을 맞혔을 때의 희열과 쾌감은 어린 나에게 이루 말할 수 없는 뿌듯함을 안겨 주었다. 작은 방에서의 집중적인 학습은 나의 학업 성취도를 높여 주었고, 끈기와 긍정적인 태도를 키우는 데 큰 도움이 되었다.

아침이 밝아 오기 시작하면 뒤뜰 감나무에서 참새들이 짹짹대는 소리와 까치가 까악까악 우짖는 소리가 들려왔다. 그때부턴 본격적으로 등교 준비를 했다. 자고 있는 형들과 누나들을 일일이 깨우며 따뜻한 아침 인사를 나누었다. 그리고 형수님이 차려 주신 아침 밥상에 형제들과 함께 둘러앉아 아침 식사를 했다. 가족과 함께하는 맛있는 아침 식사를 통해 에너지를 충전하고, 다가오는 하루에 대한 기대감을 품게 되었다.

2. 어린 꿈나무

　산자락 길을 따라 조그만 고개를 하나 넘어야 우리 학교가 나왔다. 마을의 모든 아이들이 다니는 그 학교는 아주 작은 규모였지만, 우리에게는 세상의 모든 것을 담은 소중한 공간이었다. 한 반에 육십여 명이 콩나물시루처럼 다닥다닥 붙어 앉아 수업을 받았는데, 여름이면 찜통처럼 무덥고 겨울에는 손발이 시리도록 추운 게 교실이었다.

　나는 수업 시간에 항상 중간쯤 자리를 차지하는 편이었다. 맨 앞자리는 교탁과 너무 가까워서 오히려 선생님의 모습이 잘 보이지 않았고, 맨 뒷자리는 선생님의 말소리가 잘 들리지 않아 집중하기 어려웠기 때문이다. 중간 자리는 선생님의 모습과 말소리를 모두 보고 들을 수 있어 집중과 참여에 적합했다.

　3학년 때의 여자 담임 선생님은 우리들을 성적 순서대로 앉혔다. 덕분에 나는 맨 앞줄 첫 자리에 앉게 되었다. 그 선생님은 독특한 교습 방법을 지니고 있었다. 종례 한 시간 전에 학생들에게 국어책을 외우게 시켰고, 먼저 외운 학생 순서대로 집에 보냈다. 늘 가장 먼저 암기해서 1등으로 집에 가는 사람은 나였다. 조회와 종례 때 선생님께 "차렷, 경례"를 하는 아이도 나였다. 이러한 경험들은 나의 학업 성취도를 높여 주었고, 리더십을 키워 주는 데 큰 도움이 되었다.

국어책을 빨리 외우고 1등으로 집에 가는 날이었다. 하지만 그날따라 나는 유난히도 집안일이 하기 싫었다. 왜 내가 혼자서 힘든 집안일을 도맡아야 하는가 하는 생각이 들었다. 학교를 마친 후 곧장 집으로 가지 않고 조금은 농땡이 칠 생각을 했다. 맑은 하늘과 시원한 바람은 나를 유혹했다.

개울가로 느릿느릿 걸어가는 나의 발걸음은 마치 시간의 흐름까지 함께 느려지게 만들었다. 초여름 햇살 아래 무성하게 자란 초록 풀들이 나를 반갑게 맞이하는 듯했다. 난 풀숲에 우두커니 앉아 있다가 돌멩이 하나를 집어 들었다. 그리고 개울물에 그 돌멩이로 물수제비를 튕겼다. 처음에는 한두 번밖에 튕기지 않았던 돌멩이가 점점 익숙해지면서 튕기는 숫자는 늘어 나갔다.

물수제비를 튕기는 순간, 모든 잡념이 사라지고 세상은 오직 나와 돌멩이, 그리고 물결만 존재하는 것 같았다. 신기함과 집념에 사로잡힌 나는 계속해서 물수제비를 튕겼다. 그러는 동안은 머릿속에 아무런 잡념이 들지 않았다.

열 번 연속으로 물수제비를 튕기는 데 성공한 후, 나는 석양이 물든 하늘을 바라보며 집으로 돌아갈 생각을 했다.

물 위를 통통 튀어 오르며 앞으로 나아가던 물수제비의 모습은 아직도 생생하게 눈앞에 떠오른다. 그것은 내 어린 시절의 쓸쓸했던 고

독함과 함께 깊이 각인되어 있는 장면이다.

물수제비를 튕기며 느꼈던 그 모든 경험은 내 어린 시절의 소중한 추억으로 남아 있다.

집으로 돌아가는 길을 터벅터벅 걸으며 나는 현재 처한 현실과 알 수 없는 미래에 대해 여러 가지 생각에 잠겼다. 내가 하는 일이 집안에 도움이 되는 일인지 생각해 보았다.

열 살이라는 어린 나이에도 불구하고, 나는 노력을 통해 성공하는 삶을 살고 싶다는 꿈을 꾸었다. 비록 작은 일들이었지만, 성취와 성공이 주는 달콤함을 이미 맛보았기 때문이다. 시험공부를 통해 좋은 성적을 받았을 때 느꼈던 자부심과 뿌듯함은 내 안에 깊이 각인되었다.

미래는 나에게 베일에 싸인 존재였지만, 그 베일 너머에는 장밋빛 세상이 펼쳐져 있을 것이라 믿었다. 어린 나의 눈에는 미래가 큰 선물을 안고 다가올 것 같았다. 그저 꿈을 꾸는 것만으로도 벅찬 행복감에 젖었다.

아직 뚜렷한 목표는 없었지만, 언젠가는 훌륭한 사람이 되겠다는 다짐은 변함이 없었다.

3. 아버지의 신앙생활

아침 일찍 열리는 종교 의식은 나에게 별로 매력적이지 않았다. 하지만 가끔씩 참석하게 되는 이유가 있었다. 바로 퀴즈 대회에서 맞히는 아이에게 학용품을 준다고 했기 때문이다.

난 너무 어려서 가정의 경제적인 상황을 알지 못했으나, 방 한편에는 양말, 구슬 등을 만드는 재봉틀과 구슬을 꿰는 기구들이 놓여 있었다. 누나들도 어머니를 도와 가내수공업에 동참했다. 그들은 가내수공업 등의 생활을 하면서도 그 종교를 신봉하고 있었다.

하지만 아버지는 공부 잘하는 나를 가내수공업에 참여시키는 것을 꺼려 하셨다. 아버지는 내가 가내수공업에 참여하는 것을 많이 봐주는 편이었기에 내가 그 종교와 가까워질 기회는 별로 없었다.

한번은 호기심에 이끌려 종교 의식에 참여해 본 적이 있었다. 절에서 드리는 예불과 비슷한 느낌의 치성제가 진행되고 있었다. 치성제를 구경하고 밖으로 나오는 길에 한 아저씨가 나를 불러 세우고 이야기를 하기 시작했다. 그의 이야기에는 일제에 맞서 싸운 그 종교의 역사가 담겨 있었다.

아저씨는 일제강점기에 엄청난 탄압을 받으면서도 우리 민족에게 불굴의 자주 독립 정신을 심어 준 위대한 종교라고 열정적으로 이야기했다.

아버지가 일제의 강제징용을 피하기 위해 종교에 귀의했다는 사실은 큰형님을 통해 알고 있었다. 하지만 일제강점기를 직접 경험하지 않은 나는 그 시대의 고통과 두려움을 막연히 상상할 뿐이다.

어쨌든 집은 항상 사람들로 북적거렸다. 그 틈에서 나는 일찍부터 모든 일을 혼자 처리하는 독립심을 키웠던 것 같다. 엄마나 아빠의 보살핌 아래 치마폭에 감겨 울고 짜는 일과는 거리가 멀었다.

그 종교는 오늘날까지 명맥을 이어 오고 있다. 내 유년 시절에 큰 영향을 끼쳤던 그 종교는 아직까지도 기억 속에 조금은 남아 있다.

4. 공부와 운동도 잘했는데……

겨울방학은 내가 가장 좋아하는 기간이었다. 여름방학보다 길었고, 눈으로 뒤덮인 마을은 그림같이 아름다웠다. 조숙한 탓에 눈이 오면 2~3년 위의 형들과 함께 눈사람을 만들고 눈싸움을 하며 즐거운 시간을 보냈다. 또한, 한 해 동안 배운 학교 공부를 전체적으로 복습하고 새해 계획을 세우며 다짐하는 기회이기도 했다.

긴 겨울이 끝나고 봄이 찾아왔다. 나는 초등학교 4학년이 되었다. 미리 학교에서 받아 온 교과서들의 표지를 누런 달력 종이로 싸면서 나는 또 새로운 다짐을 했다. 올해는 더욱 알찬 한 해가 되길 바라는 마음으로.

개학식 첫날, 나는 학교에 도착해서 중간 자리에 앉았다. 하지만 이상하게도 칠판 글씨가 잘 보이지 않았다. 그동안 눈이 나빠진 줄 알았던 나는 다음 날부터 맨 앞자리로 이동했지만, 그래도 칠판 글씨는 선명하게 보이지 않았다.

나는 그게 큰 문제라고 생각하지 않았다. 안경만 맞추면 해결될 거라고 막연히 느꼈을 뿐이다. 하지만 집에는 안경을 맞출 돈이 없었다. 조금만 더 버텨야겠다고 생각하고 예년과 다름없이 열심히 수업을 듣고 필기를 했다. 4학년 때도 여전히 내 성적은 최상위권이었다.

게다가 나는 운동에도 두각을 나타내기 시작했다. 턱걸이를 한 번도 못하는 아이도 있었는데, 내가 30번 정도 하자 선생님께서는 그만하라고 하셨다. 철봉에 한쪽 다리를 걸고 회전하는 것도 선생님이 그만하라고 할 때까지 했다. 배를 철봉에 대고 10번 이상 회전을 할 수 있었다. 조별 달리기에서는 해당 조에서 항상 1등을 했다.

가을에 열리는 운동회는 학교 선생님과 학생들, 학부모들뿐만 아니라 마을 어른들까지 모두 모여 즐기는 축제였다. 난 그 운동회의 기억들이 아직도 생생하다. 운동회가 다가올수록 가슴이 두근거렸다. 마을 사람들은 운동회를 위해 각종 준비를 했다.

5학년 때 나는 운동회의 하이라이트인 기마전에서 청군 대표 기수로 활약했다. 어머니와 마을 어른들은 나를 향해 열렬하게 응원해 주셨다. 나는 민첩한 동작과 순발력으로 상대편의 깃발을 빼앗아 우리 팀을 승리로 이끌었다. 동네 어른들은 모두 나를 칭찬하며 크게 될 아이라고 치켜세웠다. 어린 나이에도 나는 이미 어른들의 눈에 띄고 인정을 받는 아이였다.

또한 6학년 때는 천오백 미터 마라톤 선수로 뛰었다. 평소 마라톤 연습을 별로 하지 않은 나는 선생님의 만류에도 불구하고 크레파스와 스케치북 등의 상품이 탐나서 막무가내로 대회에 나갔다. 그러나 나는 압도적으로 1등을 했다.

중학교 1학년 때였다. 급우들이 군 마라톤 대회에 출전할 선수로 나를 추천했다. 원래 나는 안 나가려 했는데, 담임 선생님께서 나가면 유니폼도 주고, 국밥도 사 주는데 나가라고 권유하셨고, 교장 선생님께서는 일시적인 대회인데 학교의 명예를 위해서 나가는 것이 옳지 않으냐며 간곡히 권유하시는 것을 더 이상 거절할 수 없어서 마지못해 출전하게 되었다.

사실 군 대회까지 나갈 생각은 전혀 없었다. 처음에는 대충 완주만 하려는 마음을 먹었다. 어차피 체육 쪽으로 진로를 정할 생각도 없었고, 혹시라도 너무 잘한다면 사람들이 나를 그쪽으로 밀어 버릴지도 모른다는 우려도 있었다.

난 달리는 둥 마는 둥 건성으로 반 정도를 뛰었다. 그런데 뛰다 보니 이상한 마음이 생겨나기 시작했다. 이왕 대회에 출전했는데 이렇게 안이하게 뛰어도 되나 싶어 오기가 차올랐다. 그 순간 난 갑자기 최선을 다해야 하지 않겠나 하는 생각이 들었다. 그 결과 남은 반을 죽을힘을 다해 뛰었고, 간신히 3등을 했다.

지금 생각해 보면 그 순간의 깨달음과 오기가 무의식에 각인되어 내가 주저앉아 버리고 싶을 때마다 의식의 수면 위로 떠올라 날 다시 달리게 만드는 힘이 되어 주는 것 같다.

만약 그때 내가 결국 달리는 걸 포기해 버렸다면 어땠을까? 마라톤은 완전한 자신과의 싸움이다. 난 스스로의 한계를 넘어서며 스스로를 시험했던 건 아닐까 싶다. 만약 그때 포기했다면 난 내 자신을 결코 용서할 수가 없었을 것이다.

6학년 때 한 달에 90원을 내는 진학반이 생겼다. 반은 진학반과 비진학반 두 종류로 나뉘었는데 진학반은 유료로 과외를 시켜 주는 일종의 심화 공부반이었다. 난 집안 형편이 넉넉하지 못해 과외비를 낼 수 없어 비진학반으로 갈 수밖에 없었다.

여느 때처럼 학교가 끝나고 집으로 돌아갈 시간이 되었다. 난 늘 그랬듯이 진학반의 심화 수업을 듣지 못하고 하교 길을 나섰다. 교문을 통과할 때였다. 뒤에서 날 부르는 선생님의 목소리가 들렸다.

"노정호, 너 이놈 어디 가냐?"

선생님은 추상같이 무섭게 두 눈을 부릅뜨고 계셨다.

"저 집에 가는데요?"
"너 왜 공부 더 안 하고 그냥 가?"
"저는 비진학반입니다."
"야 인마, 찍소리 말고 가서 공부 더 해. 당장 해. 과외비는 염려하지 말고 빨리!"

선생님께서 날 야단치셨다. 난 영문도 모른 채 그날부로 진학반에 남아서 심화 학습을 했다. 알고 보니 선생님께서 내 과외비를 대신 내 주셨다고 한다. 그분은 평생의 은인이셨다.

그렇게 초등학교 시절은 눈 깜짝할 사이에 지나갔다. 난 최상위권 성적으로 초등학교를 졸업했다. 초등학교 교장 선생님이 중학교에 추천하는 한 명의 장학생에 선발되어 1년 치의 등록금을 면제받았다. 그렇게 내 중학생 시절은 부푼 꿈을 안고 자신감과 함께 시작되었다.

5. 불치의 병! 절망이 시작되다

중학교에 들어갔을 때부터 눈이 점점 더 안 보이기 시작했다. 칠판 글씨는 물론이고 책의 글씨까지 잘 보이지 않았다. 당연히 난 공부에 잘 집중할 수가 없었다. 난 또다시 안경을 맞춰야 한다고 생각했다. 이번에는 보다 시급하고 절실한 생각이었다.

당시 내가 부러워했던 아이는 나와 가장 친했던 친구였는데, 한약국집 아들로 안경을 끼고 있었다. 집이 부유해서 경제적 어려움 없이 안정적으로 공부를 할 수 있는, 안경까지 낀 친구가 너무 부러웠다.

중학교 1학년 겨울방학 때, 나는 서울에서 공장 일을 하는 작은누나에게 안경을 맞춰 달라고 졸랐다. 우리 집에서 돈을 융통할 수 있는 사람은 작은누나밖에 없었기 때문이다. 누나는 시집갈 준비를 하며 악착같이 돈을 모으는 중이었지만, 내 간곡한 부탁을 결국 응해 주었다.

작은누나와 함께 조치원 읍내의 여러 안경점을 전전했지만, 어떤 안경을 써도 시력이 교정되지 않았다. 나는 그 이유를 알 수 없었고, 점점 불안과 절망에 빠져들었다.

결국 누나와 함께 서울 영등포에 있는 '김안과'라는 병원을 찾았다. 그곳에서 의사는 내게 청천벽력 같은 진단을 내렸다. 의사는 내가 병명도, 원인도 알 수 없는 눈병을 앓고 있으며, 불치병이라는 말을 했다.

의사의 말은 마치 심장에 비수를 꽂는 것처럼 충격적이었다. 눈이 보이지 않는 채로 어떻게 살아야 할지 막막했다. 하지만 그때까지는 눈을 고칠 수 없다는 생각은 하지 않았다. 눈은 돈만 있으면 얼마든지 고칠 수 있다고 믿었다.

시력이 나빠지면서부터 공부에 집중하기 어려워졌고, 졸업 때까지 뛰어난 성적을 거두지는 못했다. 중학교 1학년 때 3등을 한 번 한 이후로 성적은 조금씩 떨어졌다. 1년 동안은 장학생으로 등록금을 면제받아 어려움 없이 다닐 수 있었지만, 그 이후에는 등록금까지 걱정해야 했다. 등록금을 제때에 내지 못해 몇 번 등교 정지까지 당했던 씁쓸한 기억은 지금도 생생하게 남아 있다.

'김안과'의 진단은 받은 후 다시 세브란스병원에서 진단을 받은 결과, 내 눈은 현재 연구 중인 '망막 색소 변성증'이라는 병이었다. 세포 변이로 인해 기능을 상실하고 시력을 점점 잃어 가는, 현재의 의학 기술로는 치료 불가능한 병이었다.

난 공부를 포기하려는 생각과 끝까지 해 보고 싶은 열망 사이에서 흔들렸다. 최초로 찾아온 절망과 함께 힘겹게 중학교 시절을 보냈다.

2장. 일찍 일어나는 새가 벌레를 잡는다

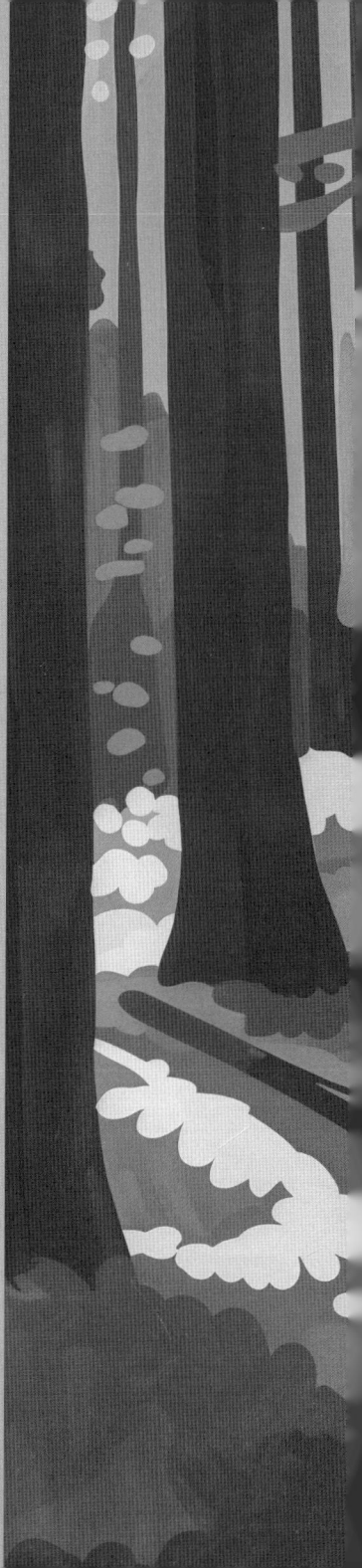

1. 청운의 꿈을 품고 상경한 촌놈, 조수 노릇부터 하다

중학교 졸업할 즈음 난 공부를 포기해야겠다는 생각에 약간 나태해졌다. 우리 집 형편은 돈도 부족했고, 시력도 안 좋아 공부는 점점 더 멀어져 가는 것 같았다.

그런데 때마침 인삼 장사를 하던 동네 선배님이 내가 고등학교에 못 간다는 이야기를 듣고는 자기가 잘 아는 한의원에서 일을 도와주면 고등학교를 보내 줄 거라고 했다. 선배의 제안에 귀가 솔깃해졌고 마음이 움직인 난 서울로 올라왔다.

중앙청 옆에 위치한 한의원에 처음 발을 들인 건 12월이었다. 나는 여전히 공부에 대한 열망을 간직하고 있었고, 고등학교에 갈 수만 있다면 어떤 어려움도 감수할 각오였다. 남의 집 일을 봐주면서라도 학업을 이어 가겠다는 다짐은 내 안에 불꽃처럼 타오르고 있었다.

한의원은 그리 크지 않은 가정집 형태였다. 60대의 남자 원장님은 비교적 나이가 든 편이었지만, 첫 만남부터 나에게 일을 잘하게 생겼다며 마음에 들어 하는 눈치였다.

한의원에서 일을 배우기 시작했다. 말하자면 원장님의 조수 역할이었다. 가장 먼저 해야 할 일은 한자 약재 이름을 모두 외우는 것이었다. 한의원의 약재들이 담겨 있는 함에는 죄다 한자로 약재 이름이 쓰여 있었기 때문에, 한자를 모르고서는 조수 역할을 수행하는 것이 불가능했다.

나의 주된 기질인 반복 학습과 확인 점검이 이 시기에 다시 한번 빛을 발했다. 하루 종일 같은 한자를 반복해서 읽고, 외우고, 써 가며 공부했다. 그 결과 나는 단 하루 만에 모든 약재들의 이름을 외우게 되었다.

다음 날부터 나는 바로 실전에 투입되었다. 원장님이 진료를 하시면서 필요한 약재를 가져오라 시키면, 나는 주저 없이 정확하게 찾아 드렸다. 원장님은 내 능숙한 솜씨에 흐뭇한 표정을 지으셨다. 하지만 그 이상의 관계는 아니었다. 그는 나를 단순한 조수로만 여기는 듯했다.

심지어 그는 나에게 자신이 먹을 김치찌개를 끓이면서 넘치지 않고 잘 끓는지 지켜보는 일까지 시켰다. 나는 보글보글 끓어 가는 김치찌개를 보면서 먹고 싶다는 생각보다는 별걸 다 시킨다는 불만으로 가득 찼다. 이럴진대 과연 내가 여기서 일하면서 고등학교를 다닐 수 있을지, 원장이 약속처럼 학교를 보내 주기는 할지 의문스러웠다.

아니나 다를까 그는 약속과는 달리 2, 3월에 신입생을 모집하는 후기 고등학교에 날 보내 주지 않았다. 내가 처음 온 게 12월인데도 말이다. 일을 잘하고 부려 먹기 좋은 내가 고등학교에 진학한 후 한의원을 그만두게 될까 봐 일부러 그러는 걸지도 모른다는 생각이 들었다. 약속을 지키지 않는 사람 밑에서 더 일하고 싶은 마음이 없었다. 나는 다른 살길을 모색해 보기로 마음먹었다.

2. 집사 노릇을 하다

운 좋게도 나는 ○○○ 대학교를 다니는 고향 선배를 만났다. 그는 동대문 시장에서 타월 도매상 사장 밑에서 아르바이트를 하고 있었다. 날염으로 타월에 글자를 찍는 일이었다.

그는 나에게 놀라운 제안을 했다. 바로 그의 사장 집에서 집사 노릇을 하며 일하는 것으로, 사장 딸의 공부를 도와주고, 잔심부름을 하며 먹고 자고 돈을 버는 것이었다. 그의 제안에 나의 귀가 번쩍 뜨였다.

선배의 소개를 받아 나는 그길로 동대문 시장에서 타월 도매상을 운영하는 사장의 집으로 향했다. 대문을 열고 안으로 들어서자 사장은 나를 반갑게 맞아 주었다. 집은 미아리에 위치한 깔끔한 단층 단독주택이었다. 집 외관만 봐도 꽤 부자라는 것을 알 수 있었다. 심지어 집안일을 돌봐 주는 가정부까지 있었다.

사장은 나에게 살아온 날들을 이야기해 보라고 했다. 망설임 없이 초등학교 때부터 중학교 때까지 내가 이루어 낸 자잘한 성취들을 털어놓았다. 그는 내 이야기를 끝까지 듣고는 미소를 지으며 "어디 한번 같이 잘 해 보자."라고 말했다.

사장은 개성에서 월남한 60대 남성이었다. 그의 자녀들은 아직 초등학생과 중학생이었는데, 특히 중학생 딸의 공부를 봐 달라는 것이 그의 부탁이었다. 그러면서 자기 사업도 도와 달라고 했다.

나는 바로 사장의 딸과 대면했다. 처음에는 딸의 시험공부를 도와주었다. 그 여학생은 특별히 머리가 좋지도, 나쁘지도 않은 평범한 학생이었다. 난 그 학생에게 주로 수학 과목을 가르쳤는데 식 세우는 방법과 풀이 방법, 검산하는 법 등을 지도했다. 그 학생의 성적은 서서히 올랐다.

나는 사장 딸의 공부를 지도하는 것보다는 그의 사업을 도와주는 일에 더 흥미를 느꼈다. 그의 상점은 동대문 시장에서 가장 중심부에 위치해 있었고, 타월 업계 도매에서 매출 1위를 달성한 곳이었다.

나는 거래처들에게 거래 명세서를 발급하고, 장부를 관리하는 일을 맡게 되었다. 사실상 사장의 금전 관리를 맡은 셈이었다. 일종의 경리와 회계 업무를 수행한 것이다.

하루 동안 올린 매출을 회사에 있는 나무 궤짝에 넣고, 은행에 입금하는 일도 내가 했다. 처음에는 긴장되기도 했지만, 점점 익숙해졌다. 그리고 난 점점 더 놀라운 사실을 발견하게 됐다. 회사에 있는 나무 궤짝 세 개에는 현금이 가득 채워져 있었다. 태어나서 그렇게 많은 돈을 보는 것은 처음이었다. 놀라서 눈이 휘둥그레졌다.

그리고 나라고 해서 왜 돈을 벌지 못하겠냐는 생각이 들었다. 돈 버는 일이 내 일생일대의 목표가 된 순간이었다. 난 다른 어떤 것보다 일을 배우고 돈 버는 방법을 배우는 데 온갖 심혈을 기울였다.

은행 거래는 시골에서 자란 나에게 처음이었다. 동대문 시장 일대의 은행들은 항상 업무를 보려는 사람들로 북적거렸다. 나도 그들 중 하나가 되어 사장의 돈을 입금하기 위해 은행을 드나들었다. 요즘과 달리 전산 시스템이 도입되지 않아 한참 동안 줄을 서야 차례가 되었지만, 나처럼 많은 돈을 가져오는 고객은 VIP로서 줄을 서지 않고 바로 입장할 수 있었다.

난 또한 자전거를 타고 일주일에 한두 번 사장의 물건들을 집으로 옮겨다 놓고, 다시 옮겨 가는 일을 맡았다. 주말 밤에 물건들을 싣고 동대문 시장에서부터 미아리 사장의 집까지 오는 길은 2시간이 걸렸다. 그렇게 물건들을 집 창고에 실어다 놓고, 아침이 되면 내다 팔 다른 물건들을 싣고 집을 나섰다.

아침 해가 떠오르기도 전에, 나는 잠에서 일어났다. 가정부에게 겨우 밥을 얻어먹고 새벽어둠을 헤치며 동대문 시장으로 향했다. 힘든 일이라고 느껴질 수도 있었지만, 사장 아래에서 일하며 돈을 버는 모습을 보는 것만으로도 즐거움을 느꼈다. 자전거를 타고 시장을 누비며, 나도 언젠가 돈을 벌 수 있는 방법을 찾겠다는 다짐을 되새겼다.

그러다가 한번은 생각이 많은 데다가 눈이 잘 안 보여서 역주행을 하다 사고가 났다. 마주 오던 상대방은 자전거가 박살이 났고 크게 다쳤다. 다행히 난 무사했지만 그 이후로는 자전거를 더 천천히 타서 2시간 걸리던 길을 4시간에 걸려 달렸다. 내가 남들보다 눈이 나쁘니까 눈이 나쁜 만큼 노력과 시간을 더 들여야 한다는 마음에서였다.

좌우간 나는 돈이 무엇인지, 돈 버는 것이 어떤 것인지를 점점 배우고 깨닫게 되었다. 시골에서 가난하게 살며 세상 물정을 모르던 내가 드디어 돈이라는 존재를 이해하게 된 것이다.

3. 열 번 찍어 안 넘어가는 나무 없다

처음에는 직장 생활을 하면서도 공부를 이어 나가기 위해 야간 D고에 입학했다. 하지만 남의 집에서 일하며 돈을 버는 시간과 공부 시간이 겹쳐 부득이하게 하나는 포기해야 했다. 어차피 눈이 나빠서 공부를 계속하기 어려웠고, 결국 돈 버는 것을 선택할 수밖에 없었다.

나 역시도 장사를 한번 해 봐야겠다는 생각이 들었다. 그래서 사장님께 장사를 해 보겠다는 말을 꺼냈더니 그는 "대가리에 피도 안 마른 놈이 장사는 무슨 장사냐."라며 날 야단쳤다. 큰 낭패감이 들었다. 내 딴에는 야심 차게 꺼냈던 말인데 그의 일축에 난 조금 서운했다. 그러나 난 포기하지 않으려고 마음먹었다. 난 사장님을 설득할 계획을 세웠다. 내가 고심 끝에 택한 방법은 바로 편지를 쓰는 것이었다.

처음으로 쓰는 편지에서 내가 얼마나 간절하게 장사를 하고 싶은 마음이 있는지를 호소했다. 내 편지는 내가 봐도 구구절절 절실했다. 난 사장님에게 한 번만 믿어 달라는 통사정을 하며 다 쓴 편지를 사장님의 방 문갑 위에 올려 두었다.

처음 쓴 편지를 보았는지 아닌지 사장님은 말이 없었다. 그렇지만 그가 기묘한 표정을 띠는 것으로 보아 내 편지를 읽었음은 분명했다. 그의 표정은 '저러다 말겠지'라는 듯 시답지 않게 보는 표정이었다.

난 밤에 내 방에 들어앉아 두 번째 편지를 썼다. 이번에도 간절한 내 마음을 편지에 담았다.

　그렇게 일주일간 난 매일 사장님에게 편지를 썼다. 일주일이 지나고 그는 불현듯 나에게 "이제 그만할 때도 되지 않았냐?"라고 물었다. 그는 아직도 내가 그러다 말 놈이라고 여기는 모양이었다.

　난 더욱 오기가 생겼다. 그래서 한 장씩 쓰던 편지를 두 장으로 늘렸다. 그 편지에 장사를 하면 어떤 식으로 할지, 어떤 수단과 방법을 동원할 것인지 등 구체적인 계획까지 낱낱이 적어 넣었다.

　보름이 넘을 때까지도 사장님은 별다른 말이 없었다. 난 굴하지 않고 쭉 꾸준히 편지를 썼다. 한 달이 되었을 땐 무려 서른 통의 편지를 쓴 상태였다.

　한 달이 지나고 나서였다. 사장님이 잠잘 준비를 하고 있는 날 갑자기 자신의 방으로 불러다 앉혔다. 그는 "그동안 네 편지들을 잘 읽었다."라는 말로 이야기를 시작했다.

　"너 편지 잘 쓰더라……. 그래, 그리도 장사가 해 보고 싶으냐?"

　그가 물었다. 난 주저 없이 "네!"라고 대답했다.

"장사는 생각만큼 만만한 게 아니다. 보통 힘들고 머리 아픈 게 아니야. 물론 잘되면 돈을 많이 벌지만 안 될 경우엔 쪽박을 차야 되는 게 이 바닥 장사야. 그래도 장사가 해 보고 싶으냐?"

"네. 물론이죠."

"음…… 그래. 그렇다면 어디 한번 해 봐라."

마침내 사장님의 허락이 떨어진 순간이었다. 그 순간, 나는 감격과 설렘으로 가슴이 벅차올랐다.

나는 너무 기쁨에 겨운 나머지 그 자리에서 사장님에게 큰절을 올렸다. 사장님이 허허 웃으며 자기 물건의 일부를 내어줄 테니 그걸 한번 내다 팔아 보라고 했다. 나는 미리 짜 둔 계획대로 시장에 팔 물건들을 점검하고, 확인하고, 가져다 놓았다. 사장님에게 인정을 받고 싶다는 열망이 마음속에 꿈틀댔다.

나는 사장님 가게의 물건들의 품질을 누구보다 잘 아는 사람이었다. 그 물건들은 어디에 내놔도 최고급품으로 불티나게 팔릴 게 틀림없었다. 나는 동대문 시장에서 물건들을 가져다 회사 창고에 따로 쌓아 두었다. 그리고 목록을 만들고, 이동 루트를 짰다. 디데이는 일주일 후였다.

4. 마침내 내 장사를 시작하다

　사장님이 지원해 주신 제품들을 미리 유통업체 화물로 춘천, 원주, 강릉, 속초 등 강원도 일대의 화물 영업소로 보냈다. 물건들을 보낸 후, 나는 마장동에서 시외버스를 타고 직접 그곳들로 내려갔다. 영업소에서 화물을 찾은 후부터는 내 발로 일일이 돌아다니며 고객들을 찾아갔다.

　당시 소도시에는 상인들이 시장을 근거지로 밀집해 있었다. 난 그 집합소의 상인들을 만나러 일일이 돌아다녔다. 어깨에는 보따리를 둘러메고 버스를 타고, 걷고 해서 말이다. 5월의 날씨는 매우 무덥게 느껴졌다. 보따리는 너무 무거워서 양어깨에 번갈아 가며 한쪽씩 둘러메야 했다. 원주 같은 데에서는 화물 영업소에서 장사를 하는 시장까지 몇 번이고 두 발로 왕복을 했다.

　무겁다, 덥다 같은 건 조금도 문제가 되지 않았다. 그 순간에 난 무조건 이 물건들을 잘 팔아야겠다는 일념만으로 꽉 차 있었다. 젊다는 게 나의 한밑천이었다. 넘치는 투지와 패기, 혈기로 무거운 물건들을 짊어지고 뙤약볕 아래를 걸었다.

　중앙시장 입구부터 과연 잡화 가게들이 즐비했다. 나는 내 물건들을 보여 주며 제품들을 도매가로 팔겠다고 소매점 상인들에게 제안했다. 그들에게는 이득이 되는 거래였다. 바로 눈앞에서 도매가로 물건을 구입하는 것은 서울의 동대문 시장에 가서 일일이 물건을 직접 떼어 오는 것보다 훨씬 편하고 가격 면에서도 유리했다.

말하자면, 나는 고객을 직접 찾아가 영업과 마케팅을 하는 시스템의 선구자였던 셈이다. 당시에는 발로 뛰는 도매 영업이라는 개념이 전무했고, 나의 방식은 획기적인 변화를 가져왔다. 게다가 가장 좋은 품질의 A급 물건들을 들고 나타났기에 물건들은 불티나게 팔렸다.

덕분에 일주일 만에 당시 돈으로 물품대를 제외하고도 순수익 십만 원을 올렸다. 이 당시에는 도매로 500만 원의 매출을 올려야 10만 원의 수익을 올릴 수 있었다. 참고로, 이때(1968년) 5급(현 9급) 공무원의 월급이 수당 포함 10,000원 정도였고, 내가 받던 월급은 1,500원이었다.

서울로 돌아오는 시외버스 안에서 난 현금이 든 주머니를 배에 차고 좌석에 앉아 감격과 환희에 차 눈물을 떨구었다. 지난 일주일간의 일들은 모두 꿈만 같았다. 그렇게나 혹독하게 치른 고생들은 아무것도 아니었다. 내가 이룬 결실은 내 스스로 보기에도 흡족하고 뿌듯했다. 힘든 시간들을 견뎌 내고 이룬 성공만큼 달콤한 것은 없었다. 벅찬 감정을 이루 말로 표현할 수 없었다.

나는 실로 오랜만에 성공과 성취의 기분을 맛보았다. 그건 어린 시절부터 내 안에 잠재되어 있던 불굴의 의지력과 열망의 결과였다. 다시금 나는 어린 시절 이후로 노력과 의지가 나에게 무엇을 선물해 주는지를 몸소 실감하고 더욱더 굳은 결의를 다졌다. 이 정도면 사장님에게 전혀 부끄럽지 않을 것 같았다. 진짜 승부는 이제부터라는 생각이 들었다. 이 경험을 통해 얻은 자신감을 바탕으로 더 높은 목표를 향해 끊임없이 도전해 나가기로 다짐했다.

서울에 도착한 시각은 밤 10시였다. 난 의기양양하게 미아리 사장님의 집으로 귀환했다. 사장님이 들어서는 날 보더니 대뜸 "그래, 이놈아. 해 볼 만하더냐?"라고 물었다. 나는 대답 대신 십만 원이 든 배주머니를 내밀었다.

사장님이 '이게 뭔가?'라는 듯한 표정으로 주머니 지갑을 열어 본 후, 놀라움에 잠시 침묵했다. 그는 놀라서 입을 떡하니 벌리고 할 말을 잇지 못했다.

"제가 이만큼을 해냈습니다, 사장님."

난 자랑스럽게 그에게 그동안 있었던 일들, 강원도에 내려가서 겪고 느낀 모든 것들과 나의 포부와 배짱 같은 것들을 주저리주저리 말했다. 이야기를 듣는 사장님은 즉석에서 대꾸했다.

"노정호, 이제는 독립을 해라. 내 밑에서 허드렛일하지 말고 네 사업 해 봐라. 이놈아, 넌 뭐가 돼도 될 놈이다."

너무도 고마운 말이었다. 사장님은 날 믿고 자신의 물건들을 내어주며 팔아도 된다고 하셨다. 그래서 난 곧바로 시장 뒷골목에 작은 방이 딸린 창고 같은 점포를 하나 얻었다. 그리고 사장님의 물건들로 장사를 하기 시작했다.

나는 딸려 있는 쪽방에서 겨우겨우 잠을 자고 먹고 살면서 거의 24시간을 장사에 매진했다. 그러니까 내 사업은 전국 각지의 보따리장수들을 상대하는 일이었다. 내가 밑에 거느리고 있는 보따리장수들은 거의 백 명이었다. 그 결과 수입이 점점 불어나기 시작했다. 그때 나는 피곤한 줄도, 힘든 줄도 몰랐다. 지치지도 않았다. 단지 돈을 버는 맛에 들려서 모든 하루하루가 의욕이 넘쳤고, 신이 났다.

태어나서 처음으로 내 손으로 벌어 보는 돈이었기에 내 감회도 남달랐다. 나는 노력의 대가가 결코 헛되지 않는다는 걸 몸으로 체감했다. 어린 시절부터 늘 간직하고 있던 깨달음은 이번에도 나에게 한 번 더 확신을 주었다.

나는 사업 영역을 소양강 지역까지 넓혔다. 잠시 소양강과 얽힌 추억을 잠깐 돌이켜 보겠다.

소양강 댐이 수몰되기 전인 1968년, 나는 동대문 사장님에게서 독립하여 사업을 시작했다. 춘천, 속초, 강릉, 양구까지 물건을 팔러 다녔다. 당시 3개 시·군과 6개 면이 수몰되었는데, 그곳에는 미군 부대도 있어 구매력이 높은 곳이었다. 특히 담흥리는 돈이 많이 움직였던 곳이다. 상인들은 어깨에 보따리를 메고 다니며 물건들을 팔았다. 수몰되기 전까지 나는 소양강 댐 바닥에 있던 마을들을 걸어 다녔다.

소양강 댐이 완성된 후에는 통통배가 다녔다. 나는 친구들을 데리고 배를 타고 한 바퀴 돌며 기분 전환을 하곤 했다. 그러면서 내가 수몰 전에 여기 바닥을 두 발로 걸어 다녔다는 걸 말해 주며 그 시절의 추억을 떠올리기도 했다. 우린 봄철에 두릅이나 더덕 같은 채소를 사 먹기도 하며 즐거운 시간을 보냈다. 소양강 댐은 나에게 잊을 수 없는 추억이 깃든 곳이다.

5. 나이 17세: 주문자 생산 방식과 PR 사업을 시작하다

이때가 겨우 17세였다. 중학교 동창들이 고등학교 1학년에 다닐 때였다. 교복을 입고 등교하는 학생들이 부럽기도 했지만, 한편으로는 내 가슴은 한없이 뿌듯했다.

그런데 실제로는 17세였지만, 사복을 하고 덥수룩하게 머리를 기르고, 숭숭 난 수염은 깎지 않고 그대로 두고, 의젓하게 행동해서 네댓 살 위로 보이게 했다. 이렇게 해야 상대방들이 어리다고 얕보지 않게 되고 사업을 잘 진행할 수 있기 때문이다.

이제부터는 단순한 판매가 아니라 내 나름의 계획을 갖고 생산까지 관여한 사업을 시작한 것이다.

나는 곧 사장님의 물건이 아닌 내 물건들로 장사를 시작했다. 봄이었다. 기존 장사치들과는 확연히 다른 나만의 장사법을 고안해 냈던 것이다. 처음 사장님의 물건들을 가지고 지방에 내려가 팔았던 때만큼 독특하고 선구적인 새로운 길을 개척했다.

이제는 판매만이 아니라, 생산 과정까지 관여하게 되었다. 내가 다루는 엑스란 속치마, 카시미르 이불 등은 중부시장 외주 공장에서 생산했다. 공장은 생산 인력만 제공하고, 실, 바늘, 원단 등 자재들은 내가 공급했다. 다른 장사치들이 공장에서 물건을 받아다 파는 방식과 달리 생산 과정까지 관여하여 가격 경쟁력을 확보한 것이다. 가격 경쟁력이 뛰어난 내 물건들은 당연히 잘 팔릴 수밖에 없었다.

하지만 한 가지 문제가 있었다. 보따리장수들은 겨울에는 일을 하지 않았던 것이다. 갑작스러운 겨울의 도래로 눈앞이 캄캄했다. 예상치 못한 사태였다. 그러나 나의 사업에 대한 열정과 집념은 그대로 손 놓고 멍하니 있게 만들지 않았다.

어느 겨울밤이었다. 버스를 탔는데 웬 청년 하나가 버스 안에서 수첩을 팔고 있었다. 처음에는 그냥 무심코 지나쳤던 모습이었다. 그런데 다음 날 버스를 타 보니 또 다른 청년이 이번에는 지갑을 팔았다.

나는 호기심이 생겨 청년들 중 한 명에게 잠깐 할 이야기가 있으니 어디 가서 술이나 한잔 마시자고 대화를 시도했다. 그는 흔쾌히 수락했다.

술자리에서 나는 그의 사업에 대해 자세히 물었다. 그는 자신의 일을 PR 사업이라고 소개하며, 사장 밑에서 일하며 물건을 팔아 이익금을 나눠 받는다고 설명했다. 궁금한 나는 사장이 하는 일을 물었고, 그는 사장이 물건을 만들어 제공한다고 답했다.

나는 그런 청년들 몇 명과 더 친해졌다. 그들의 세계는 내가 모르던 '또 다른 무언가'였다. 그들 중 상당수가 고정적인 직업이 없는 혈기 왕성한 청년들이었다. 난 겁도 없이 그들과 어울리며 그들의 일을 배우기 시작했다. 그리고 나 역시도 PR 사업을 한번 시작해 봐야겠다고 마음먹었다.

난 속치마를 파는 점포에 PR 회사를 차렸다. 말하자면 나도 공장에 외주를 줘서 지갑, 책, 수첩 등을 만들어 파는 거였다. 난 기존 업체들보다 더 싼 가격에 물건 값을 책정했다. 그리고 이미 알던 청년들에게 판매를 의뢰했다.

처음에는 30~40명, 나중에는 300~400명이 넘는 청년들에게 나는 지갑, 수첩 등 물건 공급을 하게 되었다. 지갑 공장과 수첩 공장에서는 밤을 새워 가며 생산을 했지만 물건이 달렸다.

그리고 서울에서 별일 없이 지내던 고향 친구들까지 동원했다. 일자리가 생겨서 기쁜 친구들은 내 일을 돕기 시작했다. 하지만 혈기 넘치는 청춘들이었기에 가끔 버스 안에서 시비가 붙기도 했고, 나는 경찰서를 일일이 쫓아다니며 친구들의 뒤를 봐주었다.

그해 겨울에는 이렇게 대안을 찾아 장사를 해서 돈을 벌었다. PR 사업을 한 건 이때 딱 한 해, 한 철이었다. 그래도 나는 꽤 짭짤하게 재미를 봤다. 지금 보면 난 벽으로 가로막힌 시기에조차 돌파구를 찾아냈던 것이었다.

6. 현대 의학으로도 치유 불가능한 눈

장사를 하면서도 나는 전국의 유명한 안과들을 다 찾아다녔다.

영등포의 김안과에 이어, 두 번째로 간 곳은 세브란스병원이었다. 거기서도 현대 의학으로 치료 불가능하다는 소견을 받았다.

그러다가 예산에 있는 해동병원에서 눈을 잘 본다는 소문을 들었다. 나는 그곳에서 치료를 받아 보기로 결심했다.

우선 물건들을 예산으로 보내 놓고, 그 주변에서 도소매 행상을 했다. 그렇게 한 달을 지내면서 장사를 쉴 때마다 병원에 가 치료를 받아 보자는 생각이었다. 그래서 나는 숙소 하나를 잡아 놓고 아침에는 병원 치료를 받고, 낮 동안은 물건들을 팔았다.

물건들을 보따리에 넣어 어깨에 메고 걸으면서도 암울하고 절망적인 생각들이 머리를 스쳤다. 젊고 좋은 나이에 눈이 안 보이니 이게 다 무슨 시련인가 하는 생각부터 시작해서 앞으로 어떻게 살아야 할지와 같은 것들이었다. 그렇게 보따리를 메고 한두 걸음 걸을 때마다 내 한숨은 한두 개씩 늘어 갔다.

한 달간 해동병원에서 눈 옆에 주사를 놓는 치료를 받았으나 별 효과가 없었다. 나는 엄청난 절망에 빠져 버렸다.

그러나 마지막으로 드는 생각은 절망하지 말자는 것이었다. 절망한다고 일이 해결되는 것은 아니었고, 불리한 여건으로 살려면 오히려 돈을 더 벌어야 한다는 판단이 섰다. 그렇게 생각하며 나는 다시 서울로 돌아왔다.

이후 강남성모병원, 현대아산병원, 서울대병원까지 두루 전전했다. 현대아산병원과 서울대병원은 지금도 다니고 있는데 아산병원에선 2000년 이후로 광학 기계로 시력을 복원하는 기술을 연구 중이다. 하지만 아직까지 명확한 치료 방법은 찾지 못했다.

서울대병원은 2010년경부터 치료를 시행했다. 갈 때마다 피를 뽑고, 동공 확장약을 눈에 넣는다. 그리고 눈의 단층, 안압, 신경 등을 검사하는데 분명한 사실은 어디에서도 내 눈을 고칠 수는 없다는 것이다.

7. 대홍수: 갓 피어나는 꿈을 휩쓸어 가다

1969년도에는 여름부터 전국적으로 큰비가 내렸다. 33년만의 대홍수가 7~9월 사이에 발생했는데, 엄청난 인명 피해와 재산 손실을 가져왔다.

당시 내가 주로 물건들을 거래하는 곳은 경기도 일대의 여주, 이천, 죽산, 안성 등지였다. 그 지역에는 고추를 재배하는 단지들이 있어서 돈이 많이 돌았다. 그곳 5일장에, 나는 장수들을 고용해서 물건들을 판매시키고 있었다.

계속되는 장마에 하늘을 원망하며, 장마가 끝나기를 간절히 빌던 초가을 어느 아침, 맑은 하늘이 드디어 보였다. 기회를 놓칠 수 없다고 생각한 나와 장수들은 물건들을 가득 싣고 경기도로 향했다.

하지만 운명은 우리에게 잔인한 장난을 쳤다. 오후부터 갑자기 쏟아지는 마지막 장마로 인해 남한강이 범람했고, 경기도 일대 5일장은 물에 잠겼다.

장터에 맡겨 둔 물건들은 떠내려가거나 쓰레기가 되었고, 장수들은 손실을 입은 채 잠적을 하게 되었다.

도망가는 그들을 뒤쫓을 수 있는 길은 없었다. 그에 따라 물건 주인인 나도 회복 불능의 손실을 봤다. 난 이 사업을 더는 할 수가 없을 것이란 판단 하에 1969년도 가을에 시골로 내려가기로 마음먹었다. 시골에 땅을 사서 여생을 농사나 지으며 편안하게 보낼 생각이었다.

나는 시골 고향에 만 평의 복숭아밭과 포도밭을 구입했다. 나중에는 농장이나 농원의 지주가 되려는 마음도 있었고, 눈이 안 좋기 때문에 사업보다는 안전성이 있을 것이라는 판단도 했었다. 그리고 농사를 지어 부모님과 형제들이 먹고살도록 도와주고 싶은 마음도 컸다.

하지만 농사는 생각처럼 잘되지 않았다. 자연적으로 열리는 열매만 간신히 수확할 수 있었을 뿐, 관리가 소홀했던 밭에는 제대로 된 결실이 없어 소득을 올리기가 힘들었다. 겨우 열매를 따도 상품 가치가 낮아 보리쌀과 바꿔 먹는 경우가 많았다.

결국 1970년, 청계천에서 공구상을 운영하는 고향 선배의 권유로 다시 서울로 올라와 공구상을 시작하게 되었다.

3장. 첫사랑

1. 풋사랑

3학년 때, 학교에 좋아하는 여학생 S가 있었다. 단정하게 머리를 빗어 올린 착한 인상의 소녀였다. 그녀는 내 옆 반이었고, 나는 같은 반이 되기를 간절히 바랐지만, 안타깝게도 졸업까지 한 번도 같은 반이 되지 못했다.

내가 학교를 오면서 느끼는 보람은 그녀의 모습을 바라볼 때였다. 같은 반이 아니었으므로 쉬는 시간에 그 반의 복도를 지나가면서 혹시라도 내가 그녀를 쳐다보는 것을 누군가가 눈치챌까 봐 조심스럽게 힐끗 쳐다보게 되었다.

그러나 눈이 마주치는 일은 거의 없었다. 어쩌다 눈이 마주치면 괜히 가슴이 뛰고 얼굴이 붉어지는 것 같았다.

그 당시에는 일제 고사를 보고, 전체 학생들이 모인 운동장 조회 시간에 각 반별로 가장 우수한 성적을 받은 학생을 발표하고 상장을 줄 때였다. 우리 반에서는 내가 당연히 상장을 받게 되었고, 그 반에서는 S였다.

그때에는 학생의 모든 것을 성적으로 평가할 때이므로, 아무리 외모가 뛰어나고 재능이 있는 학생이라 하더라도 공부를 못하면 제대로 평가받지 못하던 시절이었다.

 S는 단정하고 수줍음이 많지만 착하게 생긴 소녀였다. 게다가 공부까지 잘해서 내가 좋아할 만한 조건을 모두 갖췄다. 아마도 대부분의 남학생들이 S를 좋아했을 것이다.

 나는 그녀에 대해서 관심을 갖고 있으나 과연 그녀도 나라는 존재를 인식하고 있는지가 매우 궁금했다.

 아침 운동장 조회가 있는 날에는 주번은 빈 교실을 지키고 있어야 했다. 그녀가 주번인 날, 아침 조회 시간에 교실에 남아 있으므로, 그날은 나도 아침 운동장 조회에 나가지 않고 S에게 다가가 이 반은 청소가 엉망이라느니, 주번은 뭘 하냐느니…… 괜한 트집을 잡았다.

 그것은 S에게 나라는 존재를 인식시키기 위한 것이었다.

 이 당시에 남녀 학생이 대화를 나누는 일은 거의 없었다. 만약 대화가 이루어진다면 온갖 악성 루머가 뒤따랐기 때문이다. 더구나 다른 반의 여학생에게 말을 건다는 것은 상상하기조차 어려운 일이었다.

 그렇지만 나의 상상 속에서 그녀는 늘 내 단짝이었다. 상상 속의 그녀는 나와 함께 하굣길을 걸으며 대화를 나누기도 했다. 그녀는 나에게 나긋나긋한 목소리로 시를 읽어 주기도 했고, 우린 많은 꿈을 나누기도 했다.

한번은 이런 상상을 했다. 그녀와 내가 학교 운동장 벤치에 앉아 다정하게 대화를 나누는 상상을!

"정호야, 넌 커서 뭐가 되고 싶어?"
"아직은 잘 모르지만 분명히 말할 수 있는 건 흐지부지 살다가 죽진 않을 거야."

그녀가 학교 선생님이 되고 싶어 한다는 걸 친구들의 이야기를 통해 알고 있었다. 학생들을 가르치고 제자들을 잘 길러 내는 게 그녀의 꿈이었다. 나는 그녀가 틀림없이 훌륭한 선생님이 될 것이라 생각했다.

하지만 반이 다른지라 우린 결국 친하게 지내지 못한 채 졸업을 맞았다. 졸업식에서 난 국회의원상을 받았고, 그녀는 교육감상을 받았다. 이후 난 공립중학교에 장학생으로, 그녀는 사립중학교에 장학생으로 진학했다. 그렇게 우린 다른 중학교에 다니게 되었다.

2. 첫사랑의 꿈같은 시간들

나중에 성인이 되어 S를 다시 만난 건 행운이었다. 마치 행운의 여신이 나에게 미소를 지어 준 듯했다. 그 후 그녀는 나의 첫사랑으로 오랫동안 내 마음속에 자리 잡았다.

그녀가 ○○여상 졸업반일 때 대전에 있는 은행에 입사했다는 소식을 들었다. 다시 들려온 그녀의 소식에 마음이 설레었다. 그녀와 떨어져 있는 동안에도 나는 쭉 그녀를 그리워하고 있었다.

그러다가 운이 좋게도 난 그녀를 잘 아는 초등학교 여자 동창을 통해 그녀와 만남의 자리를 가질 수 있었다.

처음 만나는 날 난 고속버스를 타고 대전에 내려갔다. 약속 장소는 다방이었다. 가는 동안 내 머릿속에는 별의별 생각이 다 들었다. 과연 처음 만나 그녀와 무슨 말을 할 수 있을지, 그동안 그녀가 어떻게 달라졌을지, 남자 친구는 있는지 등등 많은 것들이 뇌리에 떠올랐다.

마침내 대전에서 그녀를 만났다. 어린 시절의 모습이 그대로 남아 있었다. 총기가 흐르는 눈빛도 여전했다. 늘 내가 좋아했던 단아한 모습도 변함없었다. 눈이 나빠서 그녀의 모습을 또렷하게 볼 수는 없었지만, 보는 순간 마음속으로 그렇게 느꼈다. 그녀도 다시 만난 나에게 호감을 가진 것 같았다.

그렇게 우린 다시 만났고, 드디어 교제하는 사이가 되었다. 처음에는 매월 한 번씩 일요일에 고속버스를 타고 대전으로 내려갔다. 우린 당일치기로 함께 밥을 먹고, 공원을 산책하고, 주변 유원지에 다녔다.

당시 나는 청계천에서 공구상으로 웬만큼 자리를 잡았기에 물질적으로 넉넉했다. 그래서 데이트 비용은 얼마든지 풍부하게 쓸 수 있었다.

처음에는 대전에서만 데이트를 하던 우리는 점점 동학사, 대둔산 등 대전 외곽 지역으로도 여행을 다녔다.

그런데 이상했다. 고속버스를 타고 올라오는 동안에 그날 하루에 있었던 일을 돌이켜 보면 무언가 그녀에게 할 말이 있는 것 같기도 했었는데 별로 나눈 말이 없는 것 같았다. 자꾸 그녀의 얼굴은 떠올랐으나 뭔가 안타깝고 아쉬움이 남는 것 같았다. 그녀가 배웅하는 모습도 아련하기만 했다. 그녀와의 만남은 꿈꾸는 것만 같았다.

그녀와 대둔산에 오르던 일이 기억난다. 지금은 케이블카가 설치돼 있어서 쉽게 오르지만, 그 당시에는 오르는 동안은 너무 힘이 들어 별로 이야기를 하지 못했다. 그렇지만 하산하는 길에 우린 수많은 대화를 나누며 웃고 떠들었다. 나는 그녀에게 결혼 이야기를 꺼내려고 생각했지만 시력이 안 좋은 점 때문에 망설였다.

나는 결혼과 미래까지 상상을 해 보며 나 혼자만의 달콤한 꿈에 젖어 있었다. 그녀도 역시 그럴 것이라고 생각하면서.

그녀와 나는 점점 더 깊이 사랑하게 되었다. 우린 한 달에 한 번, 일요일에만 보는 것에 무척 큰 아쉬움을 느끼고 있었다. 좀 더 가까이서 자주 만나고 싶었다. 그렇게 만난 지 2년 만에 그녀는 서울 남대문 지점으로 전근을 왔다.

그때 나는 동생과 자취를 하고 있었고, 그녀는 친구와 자취를 하고 있었다. 그녀는 은행 근무가 끝나면 청계천 내 가게로 자주 들르는 편이었다. 그런 날이면 저녁을 같이 먹고 야간 데이트를 했다.

그해 여름휴가는 아직도 잊을 수가 없다. 내 친구들과 그녀의 친구들이 다 같이 만리포로 여름휴가를 떠났다. 우리 젊은 청춘들은 어깨동무도 하고 춤추며 목청 높여 노래를 불러 댔다.

그 후에도 우리는 종종 친구들을 만나러 여행을 떠났다.

난 사랑에 눈이 뜨이기 시작했다. 돈보다 사랑이 중요한 것이란 것을 깨닫게 된 것도 바로 그때쯤이었다.

그러나 나의 약한 시력은 그녀와의 사랑을 서서히 시험에 들게 했다. 나의 뜨거운 사랑은 약해지는 시력으로 인해 현실의 벽에 부딪히게 되었다.

3. 벽에 부딪힌 사랑

어느 날 남대문 다방에서 그녀와 만나기로 했다. 나는 그녀에게 눈이 나쁘다는 사실을 고백한 적이 없었다. 그녀가 알게 된다면 나와의 관계를 끝낼까 두려웠기 때문이다. 하지만 그 숨김이 화근이 되었다.

남대문 다방에서 만나기로 약속한 나는 어두컴컴한 다방 안이 두려웠다. 어두운 곳에서는 더욱 식별이 어려웠기 때문이다. 나는 친구 한 명을 데리고 다방으로 갔다. 앉아 있다 보면 그녀가 나타나 나를 먼저 알아보고 다가올 것이라는 생각이었다. 그렇게 해서 눈이 나쁜 사실을 숨기고 넘어가려 했다.

하지만 약속 시간을 1시간 넘겨도 그녀는 나타나지 않았다. 나는 그녀가 약속을 잊거나 나를 바람맞힌 거라고 생각했다. 슬슬 일어서려던 순간, 뒤쪽 테이블에 앉아 있던 누군가가 자리에서 일어나 문을 박차고 나갔다. 그 여성이 바로 그녀였다. 그녀는 무척 화가 나 있었다.

그녀는 내가 자신에게 먼저 다가올 것을 기다리며 1시간을 버티고 있었던 것이었다. 그런데 내가 모르는 척 친구와 이야기만 나누었다는 의심을 한 듯했다. 하지만 나는 그녀에게 눈이 나쁘다는 진실을 고백하지 못하고 어설프게 위기를 모면했다. 그러면서 모든 것이 점점 더 꼬여 갔다.

한번은 나이트클럽에 갔다. 그녀의 회사 친구들이 돈 잘 버는 남자 친구가 있다는 그녀에게 나이트 구경을 시켜 달라고 조른 것이었다. 나는 호탕하게 웃으며 좋다고 대꾸하고 당시 핫하던 클럽으로 그녀와 그녀의 친구들을 데려갔다.

문제는 또 눈이 잘 안 보인다는 거였다. 술에 취하고, 시끄러운 음악에 흥이 돋은 난 그녀인 줄 알고 껴안고 입을 맞췄다. 그런데 알고 보니 그 여자는 그녀가 아닌 그녀의 친구들 중 한 명이었다. 설상가상으로 그 친구 역시 취한 정신으로 날 유혹하기 시작했다. 그것을 다 쳐다본 그녀는 화가 머리끝까지 치밀어 그 자리를 박차고 나가 집으로 가 버렸다.

정신을 차린 후, 나는 그녀에게 전화를 걸고 집 앞으로 찾아갔지만 그녀는 나를 만나려 하지 않았다. 눈이 나쁘다는 사실을 고백해야 할까 망설였지만, 결국 숨기기로 했다. 그녀가 나에게 실망하고 결혼을 거절할까 두려웠기 때문이다.

우리는 점점 멀어져 갔다. 그리고 서서히 멀어져 가는 우리 사이에 다른 반전은 없었다.

고향인 연기군의 읍 소재지 조치원에는 재력이 넘치는 지방 유지가 있었고, 미국에서 주유소를 운영한다는 그의 아들이 있었는데, 그녀의 아버지는 그녀가 그 집 아들과 결혼하길 바란다는 소문이 돌았다.

그녀는 얼굴도 모르는 남자와 양쪽 집안 어른들의 주선으로 미국에서 만나 결혼했다. 이미 오해와 실망이 쌓였던 탓에 그녀는 나에게 남아 있는 사랑이 없는 듯했다.

이제, 짧다면 짧고, 길다면 긴 나의 첫사랑은 막을 내렸다. 나는 마음속으로 나는 그녀의 행복을 기원했다.

이후로 나에겐 습관이 하나 생겼다. 누군가와 만날 일이 있을 때에는 큰 길거리의 큰 건물 앞에서 만나기로 정했다. 그 사람이 먼저 나를 알아볼 수 있도록 말이다. 그러면 그 사람은 내가 눈이 나쁜 걸 알아차리지 못했다.

4장. 드디어 날개를 활짝 펴다

1. 청계천은 나의 새 터전: 공구상을 시작하다

　나는 친동생과 함께 서울에서 자취를 하고 있었다. 그러나 1969년 대홍수가 내 꿈을 앗아 간 후, 나는 농사를 짓기 위해 하향하여 한동안 부모님과 함께 본가에 머무르고 있었다. 반면, 동생은 서울에서 혼자 자취하며 청계천에서 일을 하고, 밤에는 학원을 다니며 공부를 계속하고 있었다.

　1970년 구정, 기계공구상의 영업 관리 및 수입 담당 선배가 아버지에게 세배를 드리러 집에 찾아왔다. 그는 청계천에서 영업부장으로 일하는 사람이었는데, 나에게 "너처럼 머리 좋은 녀석이 왜 촌구석에 있니? 청계천에 와 보면 놀랄 만큼 할 일이 많고, 너라면 떼돈을 벌 수 있을 거야."라고 말했다.

　처음에는 그의 말을 진지하게 생각하지 않았지만, 시골 땅 수확은 시원찮은데 그것만을 멍하니 바라보면서 손을 놓고 있을 수만은 없는 처지였다. 하는 수 없이 다시 서울로 올라와 동생이 있는 청계천에 가 보니 처음 나에게 공구 장사를 권유했던 선배의 말처럼 과연 그 사업은 비전이 좋아 보였다.

　지금은 복구되어 옛 모습을 찾아볼 수 없는 청계천이지만, 당시 청계 고가 도로가 있던 시절에는 특이한 물품을 취급하는 상점과 노점

상들, 헌책방, 온갖 잡화를 파는 것으로 유명했다. 또한 세운상가 내 전자 상가도 전국적으로 유명했다.

특히 청계천 2가에서 4가 사이에는 각종 공구를 파는 가게들이 즐비했다. 당시에 청계천을 한 바퀴 돌면 비행기는 물론, 탱크나 잠수함까지 조립할 수 있다는 말이 있을 정도였다. 누군가는 청계천 없이는 우리 중공업 발전을 상상하기 어렵다고 말하기도 했다. 1970년대, 중화학 공업이 시작되는 시기에 나는 이곳이 장차 황금 어장이 될 것이라는 것을 직감했다. 내가 승부를 걸어야 할 곳은 여기라고 생각했다.

공구 일을 어깨너머로 배운 동생과 함께 청계천에 작은 점포를 열었다. 하지만 동생에게서 배우는 데는 한계가 있었고, 곧 나 혼자만의 힘으로 가게를 꾸려야 했다. 보다 전문적인 지식을 습득하고자 방법을 모색하던 나는 산업용품의 규격과 기능, 품명을 알기 쉽게 나열하고 설명해 놓은 책이 있다는 걸 알게 되었다. 그 사실을 알고 난 직후 《전일본 기계공구》라는 책과 《맥 마스터》라는 미국의 책을 구입했다.

책의 첫 페이지를 펼치자 알 수 없는 떨림이 느껴졌다. 그건 마치 미지의 세계로 모험을 떠나는 것과 느낌이 흡사했다. 첫 페이지부터 난 매우 큰 흥미를 갖고 글자들을 따라갔다. 굳게 닫혀 있는 안개 속의 문이 훌쩍 열리는 듯한 느낌이 들었다. 난 시간이 가는 줄도 모르고 책을 정독했다.

밤을 새우는 일이 잦았지만, 피곤함은 느껴지지 않았다. 무엇을 배우고 알아 가는 재미에 푹 빠져 있었기 때문이다.

책에는 제품 설명이 품목별, 모델별로 나열되어 있었다. 명암판 2배 크기의 사진과 작은 글씨로 적힌 설명은 확대경 없이는 읽을 수 없었다. 청계천 다른 공구상에서 다루지 않는 제품들을 파악하고 수입할 수 있게 된 것은 남들이 따라 하지 못하는 나의 강점이었다.

이 무렵에는 탁상용 대형 전자계산기가 등장하여 주판을 대체하게 되었다.

나는 산책하면서 하루의 일과를 미리 계획하고, 출근 후에는 지시하고 결과를 보고받았다. 직원들이 기록한 내용은 확대경과 대형 전자계산기를 사용하여 점검하고 확인했다. 확대경과 대형 전자계산기는 나의 약한 시력을 보완해 주는 소중한 도구였다.

밤낮으로 책을 탐독했던 열정은 헛되지 않았다. 독학으로 배운 지식을 실전에서 바로 활용할 수 있었던 것이다.

당시 대기업들은 구매과 직원을 파견하여 각 공구상에 영문 구매 요구서와 견적서를 전달했다. 공부 덕분에 나는 다른 공구상들보다 훨씬 정확한 견적서를 작성할 수 있었다. 영어 제품명과 크기만 알면 가능했다.

예를 들어, 청계천 공구상에서 '몽키 스빠나'라고 부르는 것은 영어로 '어저스터블 렌치(adjustable wrench)', '뺀지'는 '사이드 커팅 플라이어(side cutting plier)'였다. 그러니 영문으로 된 구매 요구서와 견적서에서의 제품명을 모르고 어찌 사업을 하겠는가? 따지고 보면 별로 어렵지 않은 것임에도 영문으로 되어 있는 것은 지레 겁을 먹고 접근할 엄두를 내지 못했다. 그리하여 나에게 견적을 묻고 상의하러 오는 주변 사장들이 많을 정도로 나는 사업상 유리한 위치를 차지하고 있었다.

당시 나는 공구상을 차렸지만, 나와 같은 또래의 친구들은 아직 각 공구상에서 일하는 종업원들이었다. 나는 그들에게는 넘을 수 없는 벽이었고, 사장들에게는 선망의 대상이었다.

1970년도에 난 새로 큼지막하게 공구상을 차렸다. 그러다가 1975년부터 세신실업 등 기계공구 제조회사들의 대리점을 모두 맡게 되었다

내 대리점이 많은 매출을 올리니까 회사들은 할인율을 더 높게 해주고 나에게 더 많은 물건들을 주었다. 그에 따라 나는 더 많은 공구들을 팔게 되었다. 20~30년 된 가게들이 월 2억을 판매한다면 난 5~10억의 매출을 올렸다.

2. 나이 24세: 청계천에 샛별이 떠오르다

　이때쯤, 나는 청계천 바닥에 모르는 사람이 없을 정도로 이름을 날렸다. 한 젊은이가 청계천 공구 업계에 샛별처럼 불쑥 떠올랐다는 것이다. 이렇게 짧은 시일 내에 그렇게 빠르게 성장한 예가 없다는 것이다. 모두가 놀라고 부러움에 찬 시선을 던졌다.

　그런데 나이를 그대로 말하면 공구 업계 동료들이 어리다고 얕보고, 거기에다 눈이 나쁜 줄까지 알면 완전히 무시할 것으로 보여, 나이는 네댓 살 올려서 말했고, 눈이 나쁜 것은 숨겨야만 했다.

　나는 상대방보다 사업도 잘하고 사업장 규모도 크고, 공구 공부를 했기 때문에 기계공구 내용도 잘 알았다. 그래서 나이를 올려도 상대방들은 믿을 수밖에 없었다.

　더구나 거뭇거뭇한 수염도 그대로 두고, 나이를 말할 때도 예를 들면 28세라고 말하거나 쥐띠라고 말하지 않고, 육십갑자로 '무자생'이라고 했기 때문에 어딘가 유식한 것처럼 보이고 어른스럽게 보였을 것이다.

　나의 주요 거래처는 삼성전자였다. 삼성전자는 최저입찰가로 발주했기 때문에 견적 가격이 경쟁력이 있어야 했다. 저렴한 견적을 제출하기 위해서는 그에 합당한 적절한 조건을 갖춰야 했다.

나는 거의 모든 공구 제조업체의 대리점을 맡고 있었고, 일부 공구를 수입하기도 했기 때문에 가격 경쟁력이 뛰어나 자연스럽게 가장 많은 주문을 받았다. 내가 대리점을 맡게 된 과정과 그 성장 과정을 살펴보겠다.

처음으로 내가 대리점을 맡은 업체는 S 전동 공구였다.

당시 업체들이 대리점을 내주는 경로는 오로지 업체 측에서 누가 공구 장사를 잘한다는 식의 소문을 듣고 그 장수에게 찾아와서 계약이 맺어지는 실정이었다. 그러나 나는 내가 먼저 S 전동 공구에 전화를 걸었다.

S 전동 공구 회사에 나의 사업 계획을 설명했으나 처음에는 반응이 미온적이었다. 그도 그럴 것이 대리점을 하겠다고 먼저 전화를 걸어와 청하는 경우는 없었기 때문이었다.

그 후 S 전동 공구 회사 직원들이 나를 방문했다. 나는 강남 아파트 두 채를 담보로 내밀고 매출 증대 실적을 담은 서류를 보여 주었다. 그들은 즉석에서 나와 대리점 계약을 맺기로 결정했다.

시작은 순탄했고, 이후로는 눈덩이처럼 성장했다. 뛰어난 판매 수

완으로 대리점 매출과 수익이 급증하자 모든 국내 기계공구 제조업체들이 나와 대리점 계약을 맺고 싶어 했다. 그 결과 거의 모든 기계공구 업체들의 대리점을 운영하게 되었다.

그 당시 전동 공구 매출 1위를 달리던 제조업체는 신영전기였고, 그 회사의 대리점 점주들의 모임인 신전회도 따로 있었다. 나는 신전회의 가장 막내였다. 그러나 신영 전동 공구 전국 대리점 중에서 나의 매출이 제일 컸다. 가장 어린데도 난 그 준재벌들과 만나 어깨를 나란히 했다.

비록 어리고 시력이 약했지만, 공구 사업에 대한 현황과 수입상품에 대한 끊임없는 공부와 월등한 이해, 탁월한 심안으로 미래를 내다보는 능력을 갖추고 있었던 덕분에 준재벌들과 어깨를 나란히 할 수 있었다.

나는 수익 증대를 위해 방안을 모색하던 중 과거 동대문 타월 장사 경험을 떠올리며 '방문 판매'라는 아이디어를 구체화했다. 동네 공구상과 철물 가게에 도매가로 직접 배달까지 해 주겠다는 제안에 가게들은 매우 반가워했다. 내가 보유한 공구들을 직접 방문하여 도매가로 판매하면 더 큰 수익을 창출할 수 있을 것이라 판단하고, 찾아가는 판매 서비스를 시작했다.

초기에는 오토바이를 이용한 직접 영업을 시작했다. 직원들은 카탈로그와 가격표를 준비하고 오토바이로 서울 시내 변두리를 돌아다니며 고객을 발굴했다. 이후 매출 증가와 함께 트럭을 도입하여 운반 효율성을 높였다. 당시 청계천 일대 기계공구상들은 내 회사에 입사하는 것을 선망했으며, 이를 통해 능력 있는 직원을 쉽게 채용하여 영업 능력을 향상시킬 수 있었다.

나는 지방까지 영업을 하러 다니곤 했다. 지방까지 내려가는 일은 수월치 않았다. 시력이 약한 나는 항시 직원을 비서처럼 데리고 동행했다. 내게 설득력과 신뢰감이 있었는지 영업에는 그리 문제가 안 되었다. 그건 다 내가 매사에 미리 점검과 확인을 했고, 남들보다 생각을 더욱 많이 했기 때문이었다. 나는 뭔가를 즉흥적으로 처리하는 법 없이 모든 걸 계획적으로 되짚고 점검했다.

업체에 납품을 하기보다는 지방 도시의 공구상들한테 물건을 공급하는 것이 훨씬 매출액이 컸기 때문에 도매업으로 바꾸었다. 물론 도매업은 소비자에게 직접 판매하는 것보다 부도 위험이 있기는 했다.

경쟁자들은 매장에 앉아 찾아오는 손님에게만 판매하는 방식을 고수했다. 반면 나는 전국을 돌아다니며 소매점을 직접 방문하여 도매가로 판매했다. 대구, 창원, 마산, 부산, 울산 등을 한 달에 한두 번씩 출장하며 적극적으로 영업을 개척했다. 누가 더 많은 매출을 올릴 수 있을지는 명백하지 않은가? 이러한 것은 나와 경쟁자들 사이에 엄청난 차이를 가져왔다.

3. 부산에서의 에피소드

그즈음 내 사촌형이 군대에 갔다 온 후 취업에 어려움을 겪자 작은어머니가 일자리를 좀 알아봐 달라고 부탁했다. 나는 그를 데리고 부산 국제시장에 갔다. 당시 부산에는 수입 판매상들이 많았다. 나는 그에게 부산을 근거지로 수입품들을 팔아 보라고 권하며 함께 부산에서 며칠을 묵었다. 그는 내 말대로 장사를 시작했다. 그 덕에 나 역시도 매달 부산을 왕래하게 되었다.

부산에서의 경험 중 하나는 도박과 관련된 에피소드이다. 그곳에서 밤을 보내면 자연스럽게 도박에 참여하게 되었지만, 나는 사전에 정한 금액만 가지고 놀기로 결심했다. 돈을 모두 잃으면 그만두고 손을 뗐으며, 이 덕분에 큰돈을 날리는 위험을 피할 수 있었다.

부산에서 활동하며 많은 것을 배우고 성장할 수 있었다. 특히, 당시 부산 등지에서 등장한 신진 공구 세력들은 나에게 큰 자극이었다. 젊은 그들은 컴퓨터 활용 능력에서 탁월해 재고 관리부터 모든 것을 컴퓨터로 처리했다. 반면 나는 시력 문제로 인해 늘 수기로 장부를 작성해야 했고, 이는 나에게 큰 불리함으로 작용했다. 결국, 시력 장애는 모든 면에서 남들보다 힘겨움을 겪게 만드는 나의 십자가이자 가시였다.

4. 건강에 이상이……

1970년대부터 1983년도까지, 대리점을 운영하던 당시에는 접대가 끊임없었다. 하루에도 상당한 시간을 접대에 할애해야 했다. 당시 배달 커피 한 잔은 50원이었지만, 내가 아침에 시키는 커피만 해도 20~30잔에 달했다. 다방에서 나를 VIP 고객으로 대접했을 정도였다. 낮 동안 손님들과 함께 마시는 커피도 10잔이 넘었다.

끊임없는 접대는 납품을 위한 필수적인 과정이었다. 회사 구매팀 임원들과 술자리를 가짐으로써 로비 활동을 펼쳤던 것이다. 나는 매일같이 저녁에는 돼지고기, 소고기 식당, 일식집에서 1차 접대를 하고, 2차는 고급 술집에서 시간을 보냈다. 퇴근은 접대 장소에서 계산을 마친 후 이루어졌다. 술과 담배를 시작하게 된 것도 이 시기였다.

솔직히 말하면, 접대 위주의 일상은 나에게 큰 공허감을 안겨 주었다. 돈을 벌기 위해 유흥가를 전전하며 접대를 해야 했지만, 아무리 돈이 좋다고 해도 이튿날에는 심각한 피로감에 시달렸다. 결과적으로 출근 후 오전 시간은 정신을 차리지 못해 낭비하게 되는 경우가 많았다.

설득력과 신뢰감 덕분에 영업에는 큰 어려움을 겪지 않았다. 하지만 내면에는 끊임없는 회의감이 자리 잡았다. 과연 내가 이런 삶을 살아야 하는가? 그 당시 내가 결제한 고급 술집 등의 카드 대금 영수증은 30장을 넘었고, 이는 내가 얼마나 무리하게 살아왔는지를 여실히 보여 주는 증거였다.

그러나 저녁이 되면 다시 그 악순환에서 벗어날 수 없었다. 결국 며칠씩 병원에 입원해야 하는 상황까지 벌어졌다.

처음 병원에 입원했을 때, 두려움과 허탈감이 밀려왔다. 젊은 나이에 무리를 해서 건강에 문제가 생겨 병원에 누워 있다는 사실이 믿기지 않았고, 씁쓸하기도 했다. 병원 생활 속에서 나는 지난 과거부터 현재까지의 내 인생을 되돌아보았다. 그리고 내가 얻은 결론은 언제나 너무 치열하게, 열심히 살아왔다는 것이었다. 그런데 이제 와서 보니, 이렇게까지 살아서 도대체 무엇을 얻었는지 묻고 싶었다.

1970년대 후반부터 난 출근하기 전에, 건강과 체력 관리를 위해 새벽에 약수터로 운동을 다니기 시작했다. 집에서 가까운 동네의 초입에 있는 약수터는 천천히 달려서 가면 30여 분이 걸렸다. 약 20분은 대로변으로, 10~15분은 논길로 이어지는 장소였다.

그 시간에는 사람이 아무도 없었다. 나는 약수를 먹고 바로 부지런히 집으로 왔다. 그러면 정확히 7시에 기사가 대기하고 있었다. 난 정확한 시각에 출근을 했다.

그때부터 운동을 시작해서 나는 오늘날까지 쭉 아침 운동을 이어 오고 있다. 좌우간 건강에는 무리가 왔고 나는 보다 안정적으로 돈을 벌 수 있는 방법이 없을까 궁리를 시작하게 되었다.

5. 박람회: 새로운 아이디어 창출 기회

나는 뭔가에 흥미를 갖게 되면 끝까지 파고드는 성격이었다. 1970년 공구상을 시작하기 전인 1968년, 구로동에서 무역 박람회가 열렸다. 예전 동대문 시장에서 내 밑에서 일했던 보따리장수 중 대학에서 일본어를 공부한 사람이 한 명 있었는데, 그 형님은 한국인들을 일본에 취직시키는 브로커 역할을 하고 있었다. 그 형님이 무역 박람회 이야기를 꺼냈고, 나는 그와 함께 무역 박람회에 가게 되었다.

박람회는 일본관, 미국관, 유럽관 등으로 나뉘어 있었는데, 내 눈길을 사로잡은 것은 일본관의 쇼핑백이었다. 미국관에서는 걸레 빠는 기계가 전시되고 있었다.

나는 이들 제품에서 얻은 힌트를 응용하여 나만의 특허를 내고 제품을 만들어 냈다. 내가 개발한 칸칸이 나뉘어 있는 쇼핑백도 특허를 받았는데, 약국이나 쇼핑몰에서 매우 잘 팔렸다. 하지만 생각보다 쇼핑백 사업은 쉽지 않았다. 직원들의 월급 지출이 많아 결국 1년 만에 사업을 접게 되었다.

마포걸레 빠는 기계를 만들게 된 계기는 지하철 청소 노동자들이 손과 발로 힘들게 걸레를 빨고 짜는 모습을 본 때문이었다. 지하철 역 내의 넓을 공간을 청소하려면 시간이 많이 들고 힘들어서 걸레를 짜는 기계를 만들어 팔면 상당한 수요가 있을 것으로 판단했다.

　1973년도에 지하철 1호선이 개통되었을 때였다. 나는 발명한 기계를 특허 냈다. 처음에 오백 개의 제품을 만들었지만 지하철 공사 측에서 걸레를 손으로 빨면 되지 뭐 하러 일부러 기계에 대고 빠냐면서 결제 승인을 내주지 않아 결국 그 오백 개는 모두 고물 쓰레기가 되었다. 지금은 그 걸레 빠는 기계가 대중화되어 있지만 당시로서는 획기적인 아이디어였다.

6. 부동산에 한눈을 팔다

1978년도에 한 친구가 땅을 사 달라고 나에게 청했다. 초중학교 동창인 친구였는데 사우디에 가서 일을 하고 돌아온 사람이었다. 그는 새시 기술자였지만 모은 재산이 없었다.

그는 초등학교 때부터 날 좋아하고 무척 잘 따랐다. 그러다가 내가 크게 사업을 한다는 소문을 듣고 나에게 찾아와 부탁을 한 것이었다. 처음에는 새시 가게를 한다며 나에게 공구와 용접기 등을 외상으로 달라고 했다. 그래서 나는 공구들을 외상으로 넘겨주었지만 그는 물건값을 갚지 않았다. 그리고 땅을 사 주면 새시 가게를 차린 후 장사를 해서 수익금을 주겠다고 했다.

나는 그 친구에게 동정심이 들기도 하고 또 땅이라는 것에 궁금한 마음도 들어 친구와 함께 부천에 땅을 보러 내려갔다. 막상 가서 보니 땅은 삼각형 모양으로 그리 쓸모 있어 보이지 않았다. 나는 주말마다 그와 함께 다른 땅을 물색하러 부천에 내려갔다. 그렇게 한 달에 네 번을 다녔다. 그리고 상동에 1,017평을 당시 돈으로 오천만 원을 주고 샀다. 나에게도 사업보다 부동산이 더 안정적이고 전망이 낫지 않을까 하는 계산이 은연중 깔려 있었다.

그 땅을 18채의 집을 지을 수 있도록 가분할을 해서 천 평 중 사백

평이 논인 땅에 매립공사를 하고 분양을 했다. 나는 만들어진 땅을 복부인들에게 분양을 해서 상당한 차익금을 남겼다. 그렇지만 1978년에 8.15 부동산 억제 정책으로 철도변 200미터가 개발 규제로 묶였다. 이후 여러 부동산 규제 정책이 발표되었고, 농지와 철도변은 거의 대부분 규제 대상이 되었다.

부동산 억제 정책으로 인해 부동산 경기가 바닥을 치자, 복부인들은 계약금을 내고도 매수를 포기하고 돈을 내지 않았다. 어쩔 수 없이 땅을 처분할 길이 막혀, 본의 아니게 집을 지어 팔기 위해 집을 짓기 시작했다.

집을 짓는 과정에서는 여러 우여곡절이 많았는데 집을 짓다 보니 동네의 진입로가 파손되어서 동네 주민들에게서 항의가 들어오고 동사무소가 법적 조치를 하겠다고 경고를 해서 삼백 미터 도로에 내가 직접 시멘트를 깔아 주기도 했다.

집의 일부는 매매를 했고, 나머지 매매가 되지 않은 것들 중에 한 세대에는 관리를 위해서 부모님을 모시고 살도록 했다.

주변에 내 집 말고는 죄다 논뿐인 동네여서 어머니의 불만이 상당했다. 어머니는 자신을 귀양살이시킨다며 아내에게 싫은 소리를 하고 몰아붙였다. 어머니는 아내에게 사사건건 잔소리를 늘어놓았다. 아내는 견디기 힘들었지만 하라는 대로 다 참았다.

아내와 나는 토요일마다 부모님을 뵈러 갔다. 나는 회사를 마치고 기사를 데리고 부천으로 갔고, 이후 천호동 내 집으로 퇴근을 했다. 그렇게 육 개월 가량 힘든 생활을 했다.

그 집들을 더는 안 되겠다 싶어 헐값에 바겐세일처럼 내놓았다. 지금 그 집들을 가지고 있다면 한 채에 오십억이 넘을 것이다. 현재 그 지역은 상업지역으로 선정되어 집값이 폭등했다. 나는 아쉬운 마음이 크다. 그 후 어머니를 천호동 집에 모셨다.

5장. 어이없는 위기

1. 송충이는 솔잎을 먹어야

부천 집을 팔고 공구 장사에 열중하려 했다. 송충이는 솔잎을 먹어야 한다고 내가 해야 할 일은 공구 장사라는 생각이 들었다. 그래서 한동안 부동산에는 관심도 두지 않고 열심히 하던 사업에 매진했다.

그런데 또 다시 새시를 하는 그 친구가 이번에는 호텔을 지을 만한 좋은 땅이 있으니 한번 봐 보라는 말을 했다. 인천공설운동장 뒤에 호텔을 지을 만한 부지였다. 내가 검토해 본 결과 그 땅은 수익 면에서나 안정성 면에서 괜찮은 듯 보였다.

나는 잠시 망설였다. 다시 또 부동산과 건축에 손을 대야 하는지 의구심이 앞섰다. 하지만 한편으로는 건물을 지어 놓으면 눈이 안 좋은 내가 그나마 안전하게 자산을 관리할 수 있지 않을까 하는 생각도 들었다.

당시 나는 카네기, 정주영, 김우중 씨의 자서전을 음성 테이프로 구독했다. 그 책들을 통해 사업은 사십 대에 기반을 잡아야 재벌이 될 수 있다는 것을 깨달았다. 그래서 전망이 좋아 보이고 안전해 보이는 부동산에 관심이 생겼다.

나는 인천의 그 땅을 매입해 대지 삼백 평에 객실이 150개인 7층

건물을 지으려고 설계했다. 공사를 시작하면서 바쁜 나날이 시작되었다. 나는 청계천에서 일을 한 후 인천까지 왕복했다. 대부분의 공사는 친구에게 맡겼다. 바쁜 일정과 눈이 안 좋은 점 때문이었다.

그렇게 1년간 인천까지 왕복을 하며 건축에 많은 돈을 들였다. 거기에는 토지대금과 건축비가 포함됐다. 그런데 준공허가가 2년 뒤에도 나지 않았다. 이유는 소방 시설이 미흡하다는 거였다. 그 당시에 영업 건물들은 소방 시설로 인해 꼬투리를 많이 잡혔고, 나 역시도 그 경우에 해당되었던 것이었다.

2. 나도 모르게 부도의 위기가! 악성 루머가 덮치다

1983년 초 어느 날이었다. 회사에서 물건을 거래하는 담당 직원이 사장인 나에게 와서 물건이 공급되지 않는다는 황당한 말을 했다. 주문을 넣었는데 업체 측에서 물건이 없다고 대꾸를 했다는 것이었다.

이상한 느낌이 들어 직접 업체들에게 전화를 걸었다. 그들은 생산이 안 되어서 1~2일 정도 물건 공급이 늦을 거라고 답변했다. 처음에는 그저 그런 줄로만 알고 있었다.

그날 밤에 청계천 부근에서 공구상을 하는 친구와 술을 마셨다. 그 친구가 술이 반쯤 취했을 때 갑작스럽게도 깜짝 놀랄 만한 말을 했다. 이미 청계천 일대에는 내 소문이 파다하게 퍼져 있다고 했다.

"무슨 소문?"
"너 곧 부도날 거라더라."
"뭐?"
"네가 공구 사업을 해서 번 돈을 엉뚱하게 부동산에 때려 박는다며 네 사업이 부도날 거라는 소문이야."

이른바 악성 루머였다. 나의 공구 사업은 영업이나 매출 면에서 전혀 문제가 없었다. 호텔 사업은 호텔 사업대로 문제없이 진행되고 있었다. 알고 보니 그 악성 루머가 퍼지기 시작한 게 이미 1년 전이었다. 그걸 모두가 공공연히 말하는데 나만 모른 채 시간이 지나왔던 것이었다.

"누구야? 그런 루머를 퍼뜨린 사람이?"

나는 친구에게 물었다.

"네 경쟁업체들이겠지. 동종업에 종사하는……. 이 바닥은 좁고 너를 시기하는 사람은 많다고."
"……."

루머의 출처는 알 수 없었지만, 일파만파로 퍼져 나갔다. 루머 때문에 나와 대리점 관계에 있는 제조업체들이 물건 공급을 중단하기 시작했다.

매월 10일 전까지 10억 원 가까운 금액의 물건을 공급받고 익월 말에 결제하는 시스템이었지만, 월초에 물건이 들어오지 않아 다음 달 결제에 문제가 생겼다.

나는 재빠르게 판단하여 12일경 제조업체들에게 물건 공급 없이는 결제를 하지 않겠다고 통보했다. 그리고 15일에 해야 할 어음 결제를 하지 않았다.

3. 이럴 땐 배짱이 필요했다

그리고 업체들에 전화를 해서 16일에 모이라고 통보를 했다. 나는 그들에게 물건을 공급하든지 아니면 무슨 수를 내기 위해 담판을 지을 심산이었다.

16일 아침 10시에 이태원의 한 호텔 회의실에서 모두가 모이기로 했다. 아침 8시쯤 집을 나서 약속 장소로 가면서 나는 수많은 생각들을 했다. 사실 이렇다 할 뚜렷한 생각이 떠오르기보다는 마음이 착잡한 통에 생각은 꼬리에 꼬리를 물고 이어졌다.

억울하고 분한 마음이 가장 컸다. 내가 청계천에서 자리를 잡아 이 정도로 터전을 닦기까지 과거에 했던 모든 고생과 그때의 모든 기억들을 떠올렸다. 어떻게 일군 사업인데 이렇게 무너질 수만은 없다는 생각으로 가득 찼다. 나는 어떻게 해서든 업체들을 설득해야만 한다는 생각이었다.

회의실에 제일 먼저 도착한 사람은 나였다. 만반의 준비를 갖추고 마음을 가다듬은 채 사람들이 오기를 기다렸다. 시계가 9시 50분을 가리키자 한 명, 두 명씩 사람들이 등장하기 시작했다. 들어오는 사람들의 면면에는 불신과 의심이 빛이 서려 있었고, 낯빛은 귀찮고 피곤함을 노골적으로 드러내고 있었다.

내가 소집한 사람들의 숫자는 족히 백 명이 넘었다. 이것만 봐도 내 사업 규모를 짐작할 수 있을 것이다. 마침내 모두가 다 집결한 시각은 10시 10분이었다. 웬만큼 사람들이 모이자 나는 맨 앞 연단으로 나가 말을 시작했다.

난 내가 벌인 사업이 전혀 하자가 없고, 영업으로 보나 매출로 보나 여전히 탄탄하다는 것을 강조했다. 그리고 악성루머에 대해 공공연히 거북함을 드러내며 그것은 말도 되지 않는 소리임을 재차 강조했다.

그렇지만 이미 업체들은 마음들이 떠나서 내 말에는 콧방귀도 뀌지 않는 것 같았다. 그들은 결제금을 요구했다. 나는 그들의 마음을 돌릴 수 없다는 판단이 섰지만 돌려줄 수 있는 돈은 없었다. 그래서 내가 갖고 있는 물건들을 나눠 주겠다고 제안을 했다. 내가 말을 하자마자 여기저기서 아우성이 튀어나왔다. 그들이 원했던 대답이 아니었기 때문이다.

나의 편은 거래했던 무역회사의 수입상뿐이었다. 그는 금전적인 이해관계가 없어 나에게 호의적이었다. 내가 수입한 물건들로 돌려주겠다고 하자 업체들은 난리를 쳤다. 무역회사 창고에는 아직 내 창고로 옮기지 않은 재고가 많았고, 나는 그것들을 결제금 대신 업체들에게 주어 처분하려 했다. 하지만 업체들은 현금화가 용이한 한 가지 품목만 원했기에 재고를 주겠다는 나의 제안에 강력하게 반발했다.

수입상은 나를 두둔했다. 그는 나의 사업에 전혀 문제가 없는데 왜 들 난리들을 치냐며 나의 편을 들었다. 그는 무서운 분위기를 풍기기 위해 다리를 꼬고 앉아 담배를 물고 뻑뻑 피워 대고 있었다.

나는 기세를 몰아 업체들에게 말했다.

"여기 수입 상무님 말씀대로 나에게는 문제가 없습니다. 나는 물건들로 골고루 보상해 드릴 수 있습니다."

하지만 업체들은 불만족스러워했다. 그들의 자사 제품만 받으면 팔기가 쉬웠지만, 내가 줄 수 있는 것은 그들의 자사 제품이 아니었다. 내가 갖고 있던 물건들은 대부분 수입품과 중소기업 제품들이었기 때문이다.

협상은 결렬되었다. 업체들은 끝까지 압류를 걸겠다고 협박했지만, 나는 물건을 꾸려서 가져가라고 일방적으로 통보하고 회의장을 나왔다. 그리고 바로 직원들에게 물건을 싸 놓으라고 지시했다. 직원들은 싸 놓은 물건들을 업체들에게 가져가라고 통보했다.

이후 나는 갖고 있던 호텔을 팔았다. 가지고 있어 봤자 어차피 압류가 들어올 것이 뻔하므로 팔아 버린 것이지만, 준공도 채 되지 않는 호텔이라 그야말로 헐값에 넘겼다. 즉 많은 돈을 투자한 사업을 투입한 돈의 고작 30%만 건지고 넘겨 버렸던 것이다. 그리고 내 아파트 세 채도 담보로 날아갔다. 졸지에 난 전 재산을 다 날린 셈이나 다름없었다.

4. 이렇게 무너질 수 없다

앞으로는 어떻게 살아야 할지 막막했다. 날마다 술에 취해 한 달간을 술독에 빠져 보냈다. 완전히 빈털터리가 되고 나의 인생에 희망이 보이지 않는 것 같았다. 몇 날 며칠간 고민을 하고 번민하다 보니 건강이 나빠졌다. 그럴수록 오만가지 생각들이 다 들었다.

그렇지만 한 번도 자살 따위는 생각해 보지 않았다. 삶을 포기하는 것은 언제라도 늦지 않았다. 난 이대로 무너지지 않아야 했다. 이까짓 일로 죽는다는 건 말도 되지 않았고, 내 자신이 그 정도밖에 안 되는 인간이라 여기지 않았다.

식구들은 내 사업에 대해 거의 알지 못했다. 당연히 사업이 부도가 난 것도 알지 못했다. 나는 끝까지 사실을 속이기 위해 평상시처럼 아침에 집을 나서 저녁에 귀가했다. 그리고 집사람에게 빨간색 프라이드를 선물했다. 식구들이 내 사정을 조금 눈치챌 무렵이었다. 차를 선물한 것은 내가 아직 건재하며 기죽지 말라는 뜻으로 사 줬던 것이다.

5. 나의 오기: 오뚝이처럼 다시 일어서다

다시 한번 시력이 안 좋은 것이 내 인생에 걸림돌이라는 생각이 들었다. 약한 시력 때문에 안정성을 추구하다가 호텔 사업에 손을 댄 것이다. 그러다가 부도까지 냈으니 말이다.

당시 나는 내 운명을 저주했다. 하지만 곧 오뚝이처럼 다시 일어섰다. 대부분의 사람들은 부도를 내면 그 자리에서 사업을 계속하지 못하게 된다. 신용을 잃기도 해서이고 부끄러워서 사업을 접거나 다른 곳으로 이동해야 하기 때문이다.

하지만 나는 저들의 시기와 악성 루머 때문에 부득이 부도를 낸 것이기에 부끄러워 할 이유는 조금도 없었다. 나는 반드시 이 장소에서 재기하겠다는 강력한 의지를 표현하기 위해, 내가 망했던 청계천 바로 그 자리에서 똑같은 공구 장사를 다시 시작했다. 감히 말하건대, 내가 아니라면 누구도 그런 결단을 내릴 수 없었을 것이라 생각한다.

그 이전 1980년부터 나는 상가건물을 구입하기 시작했었다. 청계천 공구상들이 다른 지역으로 상권을 옮기기로 합의하자, 나는 계약금 10%를 내고 구로에 4개, 당산에 2개, 시흥에 4개 등 총 10개의 상가건물을 분양받았다. 나는 이것들을 하나씩 처분하면서 재기할 사업 자금을 마련했다.

그러는 한편, 기존에 내가 갖고 있던 점포를 넘겨주며 권리금을 받고 건물주로부터 보증금을 빼서 청계천 뒷골목에 점포 하나를 차렸다. 업체들에게 돌려주고 남은 재고들로 장사를 시작했다. 납품 쪽의 직원들 네 명을 제외하고 나머지 직원들은 다 권고사직을 시켰다.

나는 다시 도약을 꿈꿨다. 내 마음속에는 목표가 있으면 성공한다는 신념이 강하게 자리 잡고 있었다. 우선 골목 뒤의 점포에서 갖고 있는 재고로 공장들에 납품을 했다.

때마침 후배 한 명이 공구박스를 파는 사업을 같이 하자고 제안했다. 투자를 반반씩 하자고 내가 말했더니 그는 생산을 자신이 하고 판매주도권을 나에게 주겠다고 했다.

부피가 큰 공구박스는 전국에 판매하기에는 이익 창출이 쉽지 않았다. 그러나 내 입장에서는 그렇게 해서 하나라도 더 판매해서 수익을 올리자는 속셈으로 그것에 손을 댔다. 내 나름대로 이익금을 내면서 열심히 일했다.

6. 불의의 사고: 불사조처럼 살아나다

그러다가 1989년 1월 9일, 교통사고가 크게 나서 위기를 맞았다.

그때 부동산을 급하게 팔았기에 세무신고를 하러 청량리 세무서에 가고 있었다. 내 기사에게 나를 로터리에 내려 주고 빨리 납품을 하러 가라고 하며, 나는 거기서부터 택시를 타고 가겠다고 말했다. 나는 내려서 파란불이 켜진 신호등을 확인하고 횡단보도를 건너던 중 갑자기 오토바이의 굉음 소리가 나더니 몸이 공중에 붕 뜬 후 의식을 잃었다.

수술이 끝난 다음에 알게 된 것으로, 출근길에 있던 한 자가용 운전자가 날 급하게 병원에 데려다주었다. 그 병원의 원장은 내 상태를 보더니 옆에 있는 큰 병원인 위생병원으로 옮기라고 했다. 내 가방에는 어음과 현금 등 많은 돈이 들어 있었기에 의식이 없음에도 난 그 돈을 담보로 빨리 수술을 받을 수 있었다.

그야말로 난 죽었다가 살아났다. 수술 후 6개월간을 그 병원에 입원을 했다. 내가 목발을 짚고 퇴원을 해 보니 회사의 재정은 적자 상태였다. 교통사고가 나는 바람에 그사이 금전관리가 제대로 되지 않은 탓이었다.

교통사고 직후, 친한 친구의 부인이 나에게 3천만 원을 보내왔다. 그녀는 나를 존경했고, 남편에게 나한테 일을 배우라고 돈을 준 것이었다. 무이자로 쓸 수 있었던 그 돈은 당시 나에게 큰 도움이 되었다. 물론 나중에 내가 그 친구를 라디에이터 사업으로 독립시켰다.

6장. 재도약

1. 해외로 눈을 돌리다: 이탈리아로 진출

굴지의 모 건설 해외개발 부서 부장인 친구에게 나와 함께 이탈리아 전동 공구 탐방을 가자고 간곡히 요청했다. 그는 내 제안을 받아들여 장기 휴가를 내고 우린 함께 이탈리아 여행길에 올랐다.

모 건설 부장인 친구 부부와 우리 부부 4명이 이탈리아로 향했다. 모든 경비를 내가 대기로 했다. 숙소는 밀라노에 있는 나의 친구인 구미 모 공사 과장이 자신의 집에 머물도록 허락을 해 주었다. 마침 밀라노에서 가까운 페라라 거리의 FT 전동 공구업체가 나의 목표였다.

내 아내와 모 건설 친구의 아내, 그리고 집을 제공해 준 구미 모 공사 친구의 아내, 이렇게 세 여자는 내가 일을 보는 동안 함께 쇼핑과 관광을 했다. 남자들까지 합해 우리 여섯 명은 내가 특별한 일이 없는 주말마다 매주 함께 관광 여행을 다녔다. 우리들은 한 달간 시칠리아 섬을 빼고는 이탈리아 각지를 두루 돌아다녔다.

함께 스위스의 몽블랑에 갔을 때가 떠오른다. 그 산은 높고 큰 산으로 온통 새하얀 빙하였다. 가뜩이나 눈이 안 좋은 난 눈이 부시도록 흰빛이 반사되어 잘 걸을 수 없었다. 하지만 나는 티를 안 내려고 무척 애를 쓰고 안간힘을 다했다. 당연히 즐거움보다는 고통이 더 컸다.

몽블랑을 다 내려와서 스위스에서 이탈리아로 가는 경계에는 터널이 하나 있었다. 우리가 이탈리아에 들어서자 함박눈이 몰아쳤다. 브레이크가 제대로 작동하지 않아 7중 추돌 사고가 발생했다.

조수석에 앉아 있던 나는 차가 충격을 받을 때마다 죽는 줄 알았다. 한 번에서 네 번 충돌 때까지는 정말로 죽는 줄 알았는데 다섯 번에서 일곱 번째 충돌 때는 살긴 살았구나, 하는 느낌이 들었다.

사고 현장에 있던 운전자들과 탑승객들은 모두 현지 경찰서에 가서 조서를 써야 했다. 심지어 우린 한국어 통역관이 올 때까지 밤새 기다렸다. 사고는 전날 저녁 5시에 일어났으나 우린 새벽 5시까지 조서를 썼다.

조서를 다 쓰고 오는 길에는 창문이 깨져서 칼바람이 몰아쳤다. 난 웃옷을 벗어 벌어진 틈을 막았다. 그런데 알고 보니 창문은 깨지지도 않았고, 정상적으로 작동되었다. 이는 우리가 얼마나 긴장했는지를 보여 주는 증거였다.

그래도 내가 얻은 소득은 굉장했다. 난 한국에 에이전트가 없는 FT 측에 내가 에이전트를 맡겠다고 제안을 했고, 독점 에이전트를 따내 독점 계약을 맺었다. FT 사장은 만나지 못했지만 전무를 만나서 이뤄낸 쾌거였다. 열흘간 세 번의 미팅을 해서 수월하게 계약을 체결했다.

나는 40여 개 제품의 형식승인을 맡고, 그 이후 주문을 해서 제품을 한국에 공급하겠다고 제안했는데, 이는 FT에게도 판로가 열리는 일이어서 우리는 서로에게 이익이 되는 윈윈 관계를 구축하게 됐다. 그렇게 해서 나의 이탈리아 여정은 성공적으로 마무리되었고, 여러 가지 잊을 수 없는 경험과 추억들을 잔뜩 남기고 돌아왔다.

전기와 관련된 물품을 수입할 때는 수출국의 형식승인이 적용되지 않았다. 그 물품들을 수입하려면 국내 품질 규격인 KS 기준에 맞는지 확인하는 국내 형식승인을 받아야 했다.

나는 40개 제품의 샘플 3개씩 총 120개를 들여와 공업진흥청에 형식승인을 요청했다. 한 품목당 인허가 비용은 30만 원에서 150만 원까지 다양했다. 난 엄청난 돈을 투입했다. 그래서 1996년부터 모든 제품 수입이 가능해졌다. 이후 금액이 커지면서 외상 수입이 가능해졌고, 본격적인 판매를 시작했다.

나는 국내 최초로 이탈리아제 전동 공구를 판매했다. 가정용과 차량용 공구박스였으며 전국적인 붐을 일으켰다. 또한 스프링밸런스, 오토릴, 자동차 기계 등을 주문 제작하는 제조업 공장도 운영했다.

2. 잠깐 이런 사업도… 틈새 사업으로!

   1992년에는 경기 침체로 인해 주변 사람들은 은행 대출을 받을 수 없는 경우가 허다했다. 나는 약 2년 동안 은행 대출을 받아 단기 자금으로 빌려주고 소정의 이자를 받았다. 큰 자본 없이도 생각보다 많은 짭짤한 수익을 얻을 수 있었다.

   하지만 1995년, 내가 자금 지원을 해 준 두 회사가 파산하면서 원금과 이자를 회수하지 못하는 큰 손실을 입었다. 그중 한 회사는 해결 방안 논의 과정에서 몇 달 후 일부 금액을 갚겠다는 내용으로 공증을 했다. 그 후 법정 재판을 통해 채권판결문을 받았지만, 3년, 5년, 10년마다 연장해야 할 채권이 소멸되는 사건이 발생했다.

3. 부동산 사업하다 이런 일도······

    1989년 구의동에 다세대 건물을 짓기 시작했다. 1983년 부도로 사업을 정리했지만 나는 다시 일어서는 시점에서 15평짜리 다세대 주택 16세대를 지어 1992년부터 분양했다. 이 사업으로 상당한 흑자를 냈다.

    1994년 큰 장마로 인해 건물 반지하 두 세대 중 한 세대에 물이 찼다. 내가 내 돈으로 수리를 해 주었지만 그 집 거주인은 집을 반환하겠다고 했다. 당연히 법적으로 불가능하다고 대꾸했지만, 결국 그들은 내 회사에 와서 항의했다. 중부경찰서에 신고하여 경찰이 출동해 사태는 진정되었지만, 그들은 계속 항의를 이어 갔다. 별 도리가 없이 팔아 버린 집을 반환해 주었다.

    이후 내 집 인테리어를 해 준 청년에게 명의를 이전시켜 주고 그 반지하 집에서 살도록 허락했다. 우선 살면서 나중에 돈이 생기면 인수해 가라는 나의 호의였다. 젊은 나이에 성실하게 살면서 고생하는 그 청년을 보고 약간 측은지심이 들어서 그랬는데, 그는 2년도 안 살고 말없이 어디론가 떠나 버렸다.

7장. IMF라는 괴물

1. 각종 회사 설립: 흥행가도를 달리다

   1983년도에 악의적인 루머로 부도가 나서 큰 어려움을 겪었으나, 점차로 극복하고, 90년대에는 다세대 주택 분양과 단기 대부 사업으로 어느 정도 자금이 확보되고 난 네 개의 공장을 갖고 주식회사를 설립했다. 네 개의 공장은 A사, B사, C사, D사였다. 난 그 각각의 공장에 각각 사장을 따로 앉혔다. 사십 대에 사업적 기반을 잡아야겠다는 각오에서였다.

   1970년대부터 내가 해 왔던 기계공구 회사의 상호는 K상사였다. 난 1992년도에 회사를 더 키우고자 목표를 잡고 상호를 A사로 변경했다. A사는 내가 가진, 기계공구 도매업을 하며 수입과 판매를 맡았던 회사의 확장판이었다.

   그 시점(1992년)에 나는 인천에 오토릴 공장인 B사를 세웠다. B사는 따로 사장을 앉혀 놓고 난 출근해서 시제품을 만드는 작업만을 했다. 나는 사장 B를 데리고 가서 기아, 현대에 시제품을 가져가 판매를 권유하는 역할을 했다. 당시 호스나 전선을 바닥에 놓고 쓰는데 오토릴은 이를 나중에 사려 놓는다. 즉, 전선이나 호스를 자동으로 리와인딩해서 정리 정돈해 주는 획기적인 기계였다.

   또 하나의 회사는 C사였다. 그건 상계동에 있었고 스프링밸런스를 만드는 공장이었다. 1994년 M사를 재설립한 회사도 C사였다.

　용인에는 D사를 설립했다. D사는 여러 물건들을 자동으로 찍어 낼 수 있는 자동화 기계를 만드는 공장이었다. 역시 D사에도 사장을 한 명 앉혀 놓았다.

　이렇게 B사, C사, D사를 설립한 것은 미래에 대한 긍정적인 전망과 사업 확장의 과정이었다. 또한 이즈음, 1992년에는 다세대 주택 16세대를 분양하여 상당한 흑자를 기록했다. 또한 은행에서 단기 자금을 조달하여 대출해 주고 이자를 받는 방식으로 큰 수익을 창출했다.

　1994년에는 이탈리아로부터 40억 원어치의 외상 수입을 진행했다. 이러한 노력으로 1996년에는 A사의 월 매출이 10억 원을 넘어섰다.

2. 호사다마: 외환위기 IMF 발생

　이렇게 사업이 순탄하게 발전하면서, 이대로라면 목표대로 성공이 다가온 듯도 보였다. 그러나 호사다마라 했던가! 1997년 11월에 국가적인 재난인 외환위기인 IMF가 터졌다. 그 충격과 여파는 실로 엄청났다.

　우리는 은행이 파산될 수 있다는 것도 이때 처음 알았고(5개 은행 파산), 대우, 한보 등 수십 개의 대기업, 수만 개의 중소기업이 파산되었다. 또 수많은 실업자가 양산되었다.

　부동산은 반값으로 하락했고, 환율은 800~900원에서 1,600~2,000원 부근까지 뛰었다. 금리는 완전히 고금리였다.

　IMF 전에 이탈리아에서 40억 원어치의 전동 공구를 외상으로 수입하여 전국에 외상으로 깔았다. 그러나 그런데 매출이 나지 않고 수금도 되지 않고 있었다.

　바로 이탈리아에서 40억 원어치의 전동 공구를 외상으로 수입한 것이 문제였다. 800원 좀 넘었던 환율이 IMF가 터지자 최고 2,000원 부근까지 올라서 내가 이탈리아에 갚아야 할 외상금액은 100억 원 가까이 되었다. 담보가 있어도 은행 대출은 일절 중단되어서, 제

2금융권을 통해서 유례없는 고금리로 자금을 조달해야 했고, 할 수 없이 가지고 있는 부동산을 반값에 팔아 변제했다. 40억 원의 외상을 갚기 위해서 200억 원 이상의 재산이 날아간 것이다.

또한 나의 회사 매출도 급격히 떨어져 부도 위기를 맞았다. 1996년까지 A사의 월 매출액은 10억 규모였으나, IMF 직후인 1997년 12월에는 월 2억 원으로 크게 줄어들었다.

그 당시 부도를 막아야 할 돈은 2억 원이었지만, 은행 마감 시간까지 1억 원이 덜 들어와서 부도를 피할 수 없었다. 결국 부득이 사업을 정리할 수밖에 없었다. 또한 일부는 물건으로 돌려줬다.

결국 B사, C사, D사는 그들에게 넘어갔다. 나에게 남아 있는 건 A사밖에 없었다. 이게 현재 내 회사의 전신이다. 내가 챙기지 못한 그 회사들은 지금은 중견 기업으로 성장한 듯하다.

참으로 아쉽다. IMF가 발생하지 않았고, 그대로 계속 발전했더라면 지금은 수천억 원 매출 규모의 기업으로 성장했을 것이라고 생각한다. 세계 경제의 변화와 흐름을 제대로 파악하지 못한 아쉬움이 진하게 남는다.

3. 신뢰의 상실: 뼈아픈 기억들

　나는 원래 시력이 좋지 않은 것을 숨기고 정상인처럼 보이기 위해 무던히 애를 쓰며 살아왔다. 사업을 하기 위해서는 어쩔 수 없는 선택이었다. 만약 거래처 사람들과 직원들이 내 시력 문제를 알게 된다면, 나에게 불이익이 올 것은 뻔했다.

　앞서 언급했듯이, 나는 시각 장애로 인해 삶의 여러 단계에서 상대방을 신뢰할 수 없게 되고 여러 수모를 겪었다. 다른 이유들도 있었지만, 가장 큰 원인은 바로 시각 장애였다.

　내가 시각 장애임을 알게 된 사람들은 나의 뜻을 제대로 받아들이지 않았고 내 뜻과 어긋나게 행동하기도 했다. 그리하여 나는 사람들에 대한 불신이 깊어지기도 했다.

　눈이 보이지 않는 채 사업을 운영하는 것은 상상 이상으로 많은 어려움을 동반했다. 사업을 하면서 내가 늘 신뢰하고 의지할 수 있는 누군가가 필요했으나 불운하게도 그런 사람은 별로 없었.

　외환위기 이후 벤처기업으로는 이득을 얻기 어려워 이노비즈 기업으로 신청을 했다. 이노비즈 기업 신청에는 많은 서류 작업과 컨설팅 회사의 참여가 필요했으며, 심사를 통과해야 정부 지원금을 받을 수 있었다. 하지만 3년 동안 이노비즈 사업은 성과를 거두지 못했다. 아마도 서류 준비에 문제가 있었던 것으로 보였다.

내가 직접 제대로 챙겨 보지 못한 탓이었다. 당시 나는 시각 장애로 인해 사무실 업무는 다른 직원에게 맡기고 생산 라인에서 포장, 부품 관리 등 내가 직접 할 수 있는 일들을 했기 때문이다.

앞서 언급했듯이, 나는 여러 채권을 보유하고 있었다. 채무자들의 상환 능력을 고려하여 상당 금액을 탕감하고 공증을 통해 채권을 소유하게 되었다.

채권은 3년, 5년, 10년 단위로 기일 연장을 해야 했으나, 어떤 연유로 인해서 기일 연장 신청을 하지 않아 모든 채권이 소멸되었다. 또한 변호사 수임료도 제대로 지급되지 않았다.

결론적으로, 나는 막대한 금전적 손실을 겪게 되었다. 나는 시각 장애로 일을 제대로 챙기고 살펴볼 수 없었다. 그것은 평생 내 삶에 큰 걸림돌이었다.

4. 살길이 막막하여… 장애인 등록

그렇게 애를 썼음에도 난 1998년에 IMF 여파로 사업에 실패하고 말았던 것이다. 사업이 부도난 후 돈이 없어서 앞길이 막막했다. 그래서 나는 산재보험금을 받아 당장의 생계를 꾸리려고 했다. 산재보험금은 사업 규모와 세금에 따라 보험금이 책정되었기에 내 입장에서는 큰돈을 받을 수가 있었다.

난 보험금 청구 서류를 작성해서 공단에 제출했다. 그런데 일주일의 심사 후, 공단 측에서 어려서부터 내 눈이 나빴던 진료기록을 찾아내 산재보험금 청구를 기각했다. 결국 나는 1999년에 그저 장애인 등록만 하는 데 그쳤다.

장애인 등록을 하자 안내장이 왔다. 내가 장애인으로서 이용할 수 있는 정부지원들을 알려 줬다. 대중교통 중에서 시각콜이라는 택시와 바우처 콜택시를 이용할 수 있었다. 바우처 콜택시는 일반 택시 요금의 25%만 지불하면 되었다. 시각콜은 잘 잡히지 않아 난 급한 일이 있을 때엔 지금도 바우처 콜택시를 이용한다.

8장. 시각 장애자임에도 불구하고 다시 일어서다

1. 계속되는 시각 장애의 핸디캡

나의 언변과 판단력이 괜찮은 편인지, 처음 만났을 때는 상대방들로 하여금 큰 신뢰와 호의를 갖게끔 만드는 능력이 있었다. 그래서 내 의지대로 사업 투자 확보 등을 관철시킬 수 있었다.

그들은 처음에는 내 눈의 상태를 알아채지 못했다. 그러나 두 번째 만남부터는 내가 시각 장애가 있어서 상대방을 잘 알아보지도 못하는 등 딴소리를 하니까 그들로부터 얻은 신뢰를 잃었다.

난 그게 그렇게 괴로울 수가 없었다. 그래서 두 번째에는 사업 미팅 자리에 나 대신 직원을 보냈는데 그것도 문제가 있었다. 예를 들면 스프링밸런스를 생산하던 M사 때가 그랬다.

당시 스프링밸런스는 국내에선 나 혼자만이 5kg까지 생산이 가능했다. 그런데 현대차로부터 2억 원의 금액을 지원해 주겠으니 120kg까지 생산을 맡아 달라는 제안을 받았다. 거의 다 결정이 나는 듯했다. 그러나 대표인 내가 직접 자주 접견하고 적극적으로 활동을 해야 했으나, 내가 시각 장애인 것이 알려지면 사업 진행에 흠이 될까 걱정됐다. 그래서 두 번째에 나 대신 직원이 접견한 이후로는 중역들의 반응이 별로였다.

그들은 '나'라는 사람과 내 사업을 신뢰하지 못하는 것 같았다. 현대차 생산 건이 추진되는 동안 한 일제 수입상에서 자신이 지원금 없이도 제품을 생산하여 납품하겠다고 그 사업에 달려들었다. 현대차 입장에서는 좋은 조건이었기에 그에게 사업을 맡겼고, 나는 큰 사업 기회를 놓치게 되었다.

2. 시각 장애를 숨기려고……

내가 시각 장애자임을 모르는 사람들에게는 시각 장애를 숨기려고 했다.

S와 결별한 후 누군가를 만날 때는 상대방이 먼저 나를 알아볼 수 있도록 큰 거리, 큰 건물 앞에서 만나기로 한 것도 나의 시각 장애를 숨기기 위한 것이었다.

청계천에서 공구 장사를 할 때도 마찬가지였다. 청계천은 도로가 넓었기 때문에 간판이 안 보인다고 할 수는 없었다. 그래서 나는 2가에서 4가까지 양쪽으로 늘어선 간판들을 모두 외워 버렸다. 골목길 공구상 간판들도 다 외웠다. 눈이 나쁜 것을 티 내고 싶지 않았기 때문이다. 그 덕분에 사람들은 오히려 내가 천재적으로 똑똑한 줄 알았다.

난 이십 대 후반에 신전회의 육십 대들과 술자리를 함께 가졌다. 그들이 나에게 조언과 자문을 구했고, 난 대접을 받는 처지였다. 이런 모임도 난 제일 먼저 가거나 제일 늦게 갔다. 먼저 가서 앉아 있으면 오는 사람들이 자연히 날 알아볼 테고 제일 늦게 가면 모여 있는 사람들이 날 환영하며 알아볼 것이기 때문이었다. 이러한 행동은 시각 장애 때문에 뒤따른 불편함을 숨기기 위한 노력이었다.

가끔 나는 신에게 왜 나에게 이런 모진 시련과 고난을 주셨는지 질문한다. 하지만 아무리 생각해도 이유를 찾을 수 없다.

하지만 중요한 것은 내가 시각 장애로도 이만큼 살아왔다는 것이다. 내 나름대로 모든 것을 이뤄 냈고, 시각 장애로 여러 차례 배신과 수모를 겪었음에도 불구하고 다행히 아직은 내 마음속에 순수함이나 따스함이 고스란히 남아 있다는 것이다.

시각 장애를 숨기려고만 한 것은 아니었다. 한편으로 내 나름대로는 시각 장애를 극복하려고 무던히도 애를 썼었다. 확대경으로 외국 공구의 제품명과 기능을 파악했다든지, 주판 대신에 큰 전자계산기를 이용했다든지, 음성테이프로 된 책을 읽었다든지, 비서를 동행시켰다든지 등 내 나름대로 시각 장애를 극복하고자 노력했었다.

하지만 호텔 사업 실패와 상대방을 믿을 수 없게 된 것을 시각 장애로의 탓만으로 돌릴 수는 없다. 시각 장애 현실을 인정하지 못하고, 시각 장애에 맞지 않는 사업도 진행했기 때문이다. 심사숙고 없이 무리한 사업에 손을 뻗었고 욕심을 부린 것이 실패의 원인이었다. 앞으로는 더욱 신중하게 생각하고 사업을 진행해야겠다는 다짐을 하게 되었다.

3. 시각 장애의 콤플렉스를 벗어 보려고……

　시각 장애는 내 삶에 수많은 제약을 가져왔다. 처음에는 흥미로 시작했던 놀이나 운동도 눈 때문에 곧 힘들고 괴로운 일이 되었다. 다른 사람들이 한 달 만에 마칠 수 있는 일을 나는 1년이 걸려야 했다. 그러나 다른 사람들은 1년을 걸려도 결국 가지 못하는 곳을 난 가고야 만다는 데에 자부심을 갖고 있다.

　내가 시각 장애자라는 것을 아는 사람들에게는 심한 콤플렉스를 느꼈다. 시각 장애가 나의 콤플렉스가 아니라면 거짓말이다.

　초·중학교 동창들이 교수, 고위 관료, 대기업 임원 등 성공적인 삶을 살아가는 것을 보며 나는 심한 자괴감에 시달렸다. 만약 내가 시각 장애가 아니었다면 공부를 포기하지 않았을 것이고, 사업 쪽으로 뛰어들지도 않았을 것이다.

　나는 친구들이 받는 월급보다 더 많은 돈을 매달 아내에게 주었다. 시각 장애라는 콤플렉스를 숨기고, 금전적인 면에서는 친구들보다 더 나은 삶을 살고 있다는 것을 과시하고 싶었기 때문이다.

　친구들과 술을 마실 때는 주로 내가 술값을 계산했다. 내가 시각 장애로 힘들고 무력한 모습을 보이고 싶지 않았고, 시각 장애로 인해 실의에 빠진 모습을 절대 드러내고 싶지 않았다.

4. 시각 장애자임에도 건설 사업에 성공할 수 있다

이제 시각 장애자라는 이유로 실패를 정당화할 수는 없다. 시각 장애를 이유로 좌절하고 있을 수만도 없다. 이가 없으면 잇몸으로 대신하면 된다는 생각으로 난관을 돌파하기로 했다.

건물을 지을 때엔 모든 설계 과정과 공정을 다 눈으로 읽지 못하고 귀로 들었다. 무척 어려웠지만 나는 결국 해내고야 말았다. 모든 건설 작업에는 내가 나서야 모든 게 해결되었다.

그러나 역시 건설 사업을 할 때도 상대방과 첫 대면을 했을 때엔 신뢰와 호의를 얻어 냈으나 두 번째 대면 때부터는 내가 시각 장애인 것을 눈치채게 되어, 아무래도 신뢰에 타격을 입게 되었다. 이로 인해 큰 어려움과 괴로움을 겪었으나 이겨 내야 했고 끝내는 이겨 냈다.

시각 장애 등 여러 어려움에도 불구하고, 난 두 번의 부도, 실패를 딛고 일어나 계속 같은 일을 하고 있다. 난 그 모든 어려움을 딛고 불굴의 의지력으로 떨치고 일어난 내 자신이 대견하고 자랑스럽다. 혹여나 다른 사람이라면 자살을 택했을지도 모를 극심한 고통과 좌절이었지만, 나는 굴하지 않고 다시 일어섰다.

나의 이야기가 좌절과 절망 속에서 헤어나지 못하는 사람들에게 용기와 힘이 되기를 바란다.

　아무리 힘든 일들이 밀려와도 포기하지 않은 한, 하늘이 무너져도 솟아날 구멍은 있으며, 하늘은 스스로 돕는 자를 돕는다고 생각한다. 나처럼 장애가 있는 사람도 해냈는데 누군들 불가능하겠는가?

5. 시각 장애자임을 공표하고 콤플렉스에서 해방되다

나는 시각 장애가 있다는 걸 숨기기 위해 늘 노심초사하며 살아왔다.

1998년 이전까지 가족들은 나의 시력이 안 좋다는 사실을 알고는 있었지만, 사업에 지장을 줄 정도라고는 생각하지 못했다. 1999년 성모병원과 서울대병원을 치료받는 과정에서 장애 등급을 신청하게 되었고, 그 결과 1급 장애 판정을 받게 되었다.

1999년도에 장애인 등록을 한 후 2000년부터 나는 시각 장애가 있다는 사실을 모두에게 공표했다.

이를 통해 가족들도 그제야 처음으로 내가 얼마나 심각한 시각 장애를 가지고 있는지 알게 되었다. 운전을 잘하는 아내가 내 사업을 도울 방법이 없겠는지 자청했고, 지금은 내가 움직일 때마다 기꺼이 도와주고 있다.

시각 장애자임을 공표한 후, 나는 콤플렉스와 불안에서 벗어나 편안하고 자유로워졌다. 이제 누구를 만나도 당당하게 시각 장애자라는 것을 말한다. 오히려 사람들은 내가 시각 장애자임에도 불구하고 삶을 살아가는 모습을 보고 대단하다고 여기고 존경한다. 드디어 평온하고 자유로운 삶을 얻었다. 한평생 나를 괴롭혔던 상처와 서러움, 괴로움에서 해방된 기분이다.

6. 시각 장애자가 재기하여 오늘에 이르다

　1998년 초 부도가 난 이후 나는 1층에 내 매장이 있던 같은 건물의 2층을 다시 사무실로 얻었다. 나는 A사를 추스르기 위해 조그만 업체들에게 공구를 납품했고, 여직원 한 명만을 데리고 출근했다.

　그러다가 인천 B사에 부품을 납품하던 사람이 날 찾아와서 자신이 기계 시설이 있으니 조금 보완해서 물건들을 만들겠다고 나더러 회사를 설립하라고 했다. 그래서 난 갖고 있는 돈을 탈탈 털어 뚝섬에 공장을 차렸다. 공장을 차리는 데에는 자재를 구입할 정도의 돈만 있으면 되었고, 큰돈은 필요하지 않았다. 뚝섬 공장은 보증금 3천에 월세 200만 원이었다.

　나는 인건비를 절감하기 위해 처음이자 마지막으로 아내에게 제품 납품을 맡겼다. 아내는 자가용을 몰고 배달을 다녔고, 그 과정에서 많은 어려움을 겪었다. 그때 나는 잡지에 소개되기도 했다.

　당시는 IMF 여파로 사회 전반에 활력이 떨어지고 어려운 시기였다. 대부분의 기업들이 상여금 지급을 망설이는 상황에서 아내는 회사의 어려움에도 불구하고 상여금을 지급해야 한다고 강력하게 주장했다. 결국 아내의 주장이 받아들여져 상여금이 지급되었고, 이 사실이 어떤 잡지사에 알려졌다. 그 결과 나는 잡지에 소개되었다. 잡지

기사에서는 내가 공구 박람회를 쫓아다니며 정보를 입수하고, 독자적인 제품 연구 개발에 온 힘을 기울였다고 소개되었다.

한편, 공장 공간 확장을 위해 여기저기 알아보던 중 아는 사람이 360평짜리 공장을 무상임대로 제공하겠다고 제안했다. 임대료 없이 공장을 사용할 수 있다는 기회에 감사하게 생각하며 제안을 받아들였고, 공장을 리모델링했다.

1년 후, 그 사람이 이민을 가면서 공장을 처분하고 싶다고 하며, 매입 가격보다 낮은 기준시가로 내게 팔겠다고 제안했다. 공장 확장을 위해 좋은 기회라고 판단하여 난 그 공장을 담보로 대출을 받아서 샀다.

하지만 성동구청 도로 공사로 인해 공장 부지는 180평으로 줄어들고 나머지는 도로로 편입되었다. 나는 남은 부지에 5층짜리 건물을 지었고, 이는 담보로 활용되었다. 그곳에 세를 주고 새로운 공장을 찾던 중, 성수동에서 200평 규모의 공장을 임대하게 되었다. 지하 1층과 지상 1층까지 두 층을 사용할 수 있었지만, 큰 장마가 내리면서 지하에 물이 차 막대한 손실을 입게 되었다.

2007년 한겨울, 나는 현재 면목동에 위치한 건물로 공장을 이전했다. 추운 날씨에도 불구하고 마음이 너무 급했고, 꿈도 컸다. 온라인 판매 도입을 시도하며 전문가를 고용하고 스튜디오까지 설치했지만,

인건비만 지출되고 시스템 구축은 이루어지지 않았다. 결국 고용된 사람은 나의 끊임없는 추궁과 다그침에 사직서를 제출하면서, 마무리와 해결은 깔끔하게 해 주겠다고 약속했다. 하지만 시스템 구축 과정을 시각 장애로 제대로 확인하지 못했기에 이러한 일이 발생했다.

2022년 중소기업 정부 지원금을 통해 다른 온라인 프로그램 개발 업체에게 다시 쇼핑몰 구축을 맡겼고, 현재 해당 쇼핑몰을 운영하고 있다. 쇼핑몰 구축 자체는 잘 이루어졌지만, 아직 큰 이익을 보지는 못하고 있다. 주요 고객층은 전국의 기계공구 딜러들로, 현대와 기아차도 포함되어 있다.

뚝섬에서 성수동으로 이사하면서 공장을 가공 분업화하여 직원 수가 40명으로 줄어들었다. 현재는 20여 명의 직원들과 함께 일하고 있으며, 이는 사업 규모의 축소를 의미한다. 매출 또한 꾸준히 감소하고 있다. 나는 시각 장애로 인해 더 큰 야망을 품기는 어렵지만, 현재보다 더 매출이 줄어들지는 않을 것으로 예상한다. 현재는 기존 제품들을 업그레이드하여 특허를 출원하고 있으며, 모형 변형 제품들을 통해 재도약을 다시 한번 꿈꾸고 있다.

9장. 지난 기억 속 편린들

1. 스쿠바 박람회

1980년, 시력 치료에 대한 특허 기술이 전시된다는 소식을 전해 듣고 설레는 마음으로 일본 스쿠바 무역 박람회 러시아관을 방문했다. 아는 형님의 도움으로 신혼살림을 차린 집에 방 한 칸을 빌려 숙소로 삼고 박람회에 참여할 수 있었다.

박람회에서 전시된 시력 치료 기술은 각막에 흠을 내어 시력을 복원하는 라식이나 라섹과 유사한 기술이었다. 마침내 시력을 되찾을 수 있을 것이라는 기대감으로 가슴이 벅차올랐다.

하지만 안타깝게도 이 기술은 각막 이상에만 효과가 있었고, 나처럼 망막에 이상이 있는 경우에는 도움이 되지 않았다. 좌절감과 실망감에 휩싸인 채, 러시아관에서 무료로 제공되는 보드카를 마시며 마음의 상처를 달래야 했다.

이후 나는 가와사키 병원에 갔다. 병원 의사들은 자신들이 내 눈을 고칠 수 있다고 호언장담을 했다. 하지만 한 달간 별의별 것을 다 하며 치료했으나 효과가 없었고, 난 또 다시 실망감과 절망감에 휩싸였다.

한국으로 귀국하기 전, 난 숙소를 제공해 준 형과 몇 명의 지인들과 함께 뒤풀이로 술자리를 가졌다. 장소는 가라오케였는데 한 여종업원이 나에게 쪽지를 전달했다. 그 쪽지에는 날 만나고 싶다는 말이 적혀 있었다.

젊은 남성으로서 그녀의 유혹에 마음이 흔들리지 않았다고 말할 수는 없다. 그녀의 청을 거절하게 된 이유는 다시 한번 내 눈 때문이라고 해야 할 것이다. 도심에서 만난 후 숙소로 돌아가는 길이 걱정되었다. 내 마음은 그녀의 청을 거절하는 것이 아니었지만, 받아들일 자신감이 없었다.

그 사실을 알고 술자리에 있던 다른 모두가 날 비웃으며 바보라고 했다. 일본 문화에서 여자가 데이트를 신청한다는 것은 그녀가 모든 비용을 다 내겠다는 뜻이라고 했다. 그처럼 좋은 기회를 날려 버린 나를 모두가 바보 취급 했다. 하지만 모든 건 다 눈 때문이었다.

초등학교 때부터 좋아해서 나중에 교제를 한 S의 경우도 마찬가지였다. 나는 시력이 안 좋다는 핸디캡 때문에 그녀에게 고백을 하지 못하고 성인이 되었다.

2. 색다른 꿈도 꾸어 봤다

스위스 여행을 하던 중에 만났던 노부부가 떠오른다. 그들은 랍스터를 요리하는 식당의 주인이었다. 그 식당은 무척 유명하고 인기가 있어서 6개월 전에 예약을 해야지만 들어갈 수 있었는데 구미관광공사에 다니던 내 친구가 예약을 해 두어서 우린 그 식당에 갈 수 있었다.

그 부부는 하루에 여섯 테이블의 손님만을 받았다. 그리고 그들에게 비단, 요리를 제공해 주는 것뿐만 아니라 옆으로 다가와 랍스터에 얽힌 신화와 과학, 거기에 곁들여지는 자신들의 인생 이야기를 해 주었다. 그때 난 무척 감동을 느꼈다. 그래서 나도 그런 식당을 해 보고 싶다는 생각을 그 오래전부터 갖고 있었다.

3. 나에게 다가온 여인들

　시력이 안 좋다는 것이 오히려 유혹을 피하는 데 도움이 되기도 했다. 기계공구상을 할 때 B 전축 경리부에 있던 몇몇 여성 직원들은 주판을 8단까지 놓을 만큼 뛰어난 실력을 가지고 있었다. 그녀들은 나에게 호감을 표하고 만나자고 제안했지만, 나는 눈 때문에 자신감이 부족하여 변명과 핑계를 대며 거절했다.

　큰돈을 벌 기회를 놓친 적도 있었다. 사촌을 데리고 부산 국제시장에서 사업을 시켜 줬을 때이다. 당시 국제시장에서 수입품을 거래하는 대단히 큰 손의 여장부가 내 수완을 인정하고 사업 제안을 해 왔지만, 난 그 여자와 함께 사업에 뛰어들지 않았다. 그녀는 결국 내 친구와 인연이 닿아 교제를 했다.

4. 나이가 뭐길래

이 이야기는 '나이 24세: 청계천에 샛별이 떠오르다'의 다음과 같은 머리글의 후속 글이다. 거기에다 이어서 자세하게 쓰게 되면 이야기의 흐름이 끊길까 봐 별도의 공간을 마련하여 여기에 쓰게 되었다.

[이때쯤, 나는 청계천 바닥에 모르는 사람이 없을 정도로 이름을 날렸다. 한 젊은이가 청계천 공구 업계에 샛별처럼 불쑥 떠올랐다는 것이다. 이렇게 짧은 시일 내에 그렇게 빠르게 성장한 예가 없다는 것이다. 모두가 놀라고 부러움에 찬 시선을 던졌다.

그런데 나이를 그대로 말하면 공구 업계 동료들이 어리다고 얕보고, 거기에다 눈이 나쁜 줄까지 알면 완전히 무시할 것으로 보여, 나이는 네댓 살 올려서 말했고, 눈이 나쁜 것은 숨겨야만 했다.]

그때는 나이가 서열을 정할 때이다. 장유유서 질서에 익숙한 시절이었다. 나이가 어리면 동생 취급하면서 한 수 아래로 대하려 했다. 그래서 젊었을 때는 나이를 대부분 올려서 말하던 시절이었다. 이때 유행하는 말이 있었다.

"오뉴월 하루 햇볕이 어디냐?"

나이가 같아도 하루 먼저 태어났다고 꼭 형 노릇을 하려 했기 때문이다. 그런데 나이를 올릴 때에는 정신을 바짝 차려야 한다. 나이를 경우에 따라서는 서너살, 네댓 살, 대여섯 살 올려야 한다. 그러려면 내가 올린 나이는 들키지 않아야 하고, 남이 올린 나이는 들통나게 해야 한다.

다 통하는 것은 아니지만, 이 당시의 예를 들면 내가 나이를 올릴 때는 '28살'이라고 말하는 대신에 '쥐띠'라고 해야 한다. 그러면 대부분 거기서 더 묻지 않는다.

그러나 상대방이 나이를 ○○살이라고 올렸을 때는 무슨 띠냐고 물으면 대부분 들통이 난다. 자신 나이의 띠는 알지만 올린 나이의 띠는 모르기 때문이다. 간혹 형의 나이와 띠를 알아서 속이는 수가 있다. 그런 의심이 들면, "4.19가 몇 살 때죠?" 또는 "그때 몇 학년이었죠?"라고 물으면 대개 어물어물하게 된다. 그러면 그것으로 승패는 판가름 난 것이다.

그러나 어느 정도 나이가 든 사람들한테는 띠를 묻는 것만으로는 잘 통하지 않게 된다.

이때쯤에는 대부분 띠[1]를 알게 된다. 그래서 나이별 띠를 알기 때

---

1) 12지: 자(쥐), 축(소), 인(호랑이), 묘(토끼), 진(용), 사(뱀), 오(말), 미(양), 신(원숭이), 유(닭), 술(개), 해(돼지)

문에, 이때는 좀 유식한 수법을 써야 한다.

바로 육십갑자를 이용하는 방법이다. 대부분 자신이 태어난 해를 육십갑자로 ○○년인 줄을 모른다. 예를 들면 내가 1948년생, 28살, 쥐띠이면, 육십갑자로 따지면 '무자년'에 태어난 것이다. 그래서 누가 나이를 물을 때 '무자생'이라고 하면, 눈을 껌뻑거린다. "그럼 몇 살이라는 소리지?" 하는 표정이다. 이미 상대방은 나한테 기가 한풀 꺾인 것이다. 자신이 나보다 무지하다는 것을 느끼는 순간이다. 그때 점잖게 "나이로 28살입니다." 하면 실제 24살인 내 나이를 상대방이 믿을 수밖에 없게 된다.

이제 신전회에 대해서 보충 설명을 하고자 한다. 앞서 말한 바와 같이 내가 청계천 공구 업계에서 떠오르는 샛별이라 불릴 때, 신영 전기 대리점주들의 모임인 신전회가 있었는데 나이가 가장 어린 내가 신영 전동 공구 전국 대리점에서 매출이 1위였다는 이야기를 한 바 있다.

신전회 회원들 대부분은 본래부터 재산이 많았던 사람들이었고 나는 매출만 1등이었기 때문에 재산상으로는 그들과 게임이 되지 않았다. 우리의 모임은 최고급 식당에서 했다. 지방에서 할 때도 마찬가지였다.

그런데 내 차례가 오면 준재벌급인 회원이 "젊은 사람이 전국 매출

1위 하느라고 바쁠 텐데 나 할 때 같이 하면 되지." 하고 봐주는 영감도 있었다. 서울의 준재벌급 회원은 나이가 70살이었으니 아버지뻘이었다. 부산, 대구도 70살이었다.

어찌 됐건 매출 실적은 내가 1위이었다. 내가 정중하게 예의를 갖추고 나의 모든 표현이 사리에 맞게 떨어지니까 아버지 같은 분들도 나에게 반말을 하지 못하셨다. 또한 수입 상품에 대해서 이해가 되도록 잘 이야기를 해 주면, 그 사람들 입장에서는 내가 늘 고맙기도 하고 어렵기도 하니 막 대하지는 못하셨다.

그런데 서울 회원 중에 한 사람이 나이가 50살이었다. 그는 삼촌, 아버지뻘 되는 사람들을 무시하고 업신여기는 스타일이었는데, 나한테는 그렇게 하지 못했다.

그도 처음에는 나를 업신여기려는 듯했는데, 처음에는 몇 번 받아주었다가, 더 받아 줘서는 안 되겠다 싶어서, 정색을 하고 "사장님이 돈이 많으면 얼마나 많습니까? 카네기만큼이라도 있는지 모르겠으나, 대화를 나누는 경우에 서로 예의 등 지켜야 할 것은 지켜야 하지 않습니까?"라고 말했더니, 처음에는 얼굴 표정이 붉으락푸르락했으나 그도 대학물은 먹은지라 상황 파악을 제대로 할 줄 알았는지 할 수 없이 내 말에 수긍을 하였다.

그 후에는 그도 내가 싹수가 있어 보이고 똑똑해 보였는지 오히려 나한테 묻고 상의를 하게 되었다.

어른 들이 하는 말에 '노소동락(老少同樂)'이라는 말이 있다. 늙은이와 젊은이가 나이를 가리지 않고 함께 즐긴다는 소리인데, 그럴 것 같지 않은데 이상하게도 노소가 잘 어울리기도 한다.

이때 젊은이는 늙은이에게 정중하게 대해야 하고, 늙은이는 젊은이에게 어른 대접을 당연히 받으려는 꼰대 티를 내서는 안 된다. 나는 어른들께 술을 따르거나 받을 때도 정중하게 대하고, 술을 들었을 때에도 한 치의 흐트러짐을 보이지 않았다.

우리 신전회에서는 보통 최고급 식당에서 모임을 갖는데, 한번은 마담이 젊은 내가 70대의 노인들과 어울리는 것이 이상해 보였는지 내 나이를 묻는 것이었다. 그래서 나이나(28살) 띠로(쥐띠) 말하지 않고 '무자생'이라고 했더니, 마담은 더 이상 질문을 하지 않고 난감해했다.

다음 모임에 갔을 때 "28살이군요." 하면서, 애송이라는 듯 살짝 눈을 흘기는 것이었다. 이때 나이 70살 된 회원이 내가 신전회 회원 중에 전국 매출 1위라고 하니, 입을 딱 벌리면서도 믿지 않는 표정을 지었다.

안 되겠다 싶어서 내가 마담에게 술 한 잔을 따라 줄 것을 청하고 잔을 받으며 바로 남이 장군의 시를 읊었다.

 白頭山石磨刀盡(백두산석 마도진)이요
 백두산 돌은 칼을 갈아 다 없애고
 豆滿江水飮馬無(두만강수 음마무)라
 두만강 물은 말 먹여 없애리
 男兒二十未平國(남아이십 미평국)이면
 사나이 스물에 나라를 평정치 못한다면
 後世誰稱大丈夫(후세수칭 대장부)리요
 훗날 누가 대장부라 칭하리오

이 시는 남이 장군의 북정가로서 사나이 기개를 잘 나타낸 시라고 소개하면서 그럼 이때 남이 장군의 나이가 얼마쯤 됐을 것 같으냐고 마담에게 물었더니, 장군이라니까 50살은 넘었을 거라고 했다. 그래서 27세로 병조판서가 됐으며 28세 때 역모 혐의로 억울한 죽음을 당했다고 말해 주면서

"무엇을 이룩했냐가 중요한 것이지, 나이가 중요한 것은 아니다." 라고 말하니까 모두가 고개를 끄덕였다.

아울러 "프랑스 잔 다르크는 17세부터 활약, 영국과의 백년 전쟁에서 프랑스를 위기에서 구한 영웅적인 소녀였으며 19세 때 죽음을 당했고, 유관순은 3.1 만세 운동 때 18세였고, 해방 후 초대 국무총리

겸 국방부 장관을 지냈던 철기 이범석 장군은 청산리 대첩에서 지휘관으로 활약한 때의 나이는 21세였다."라고 말했더니 그 누구도 더 이상 나이와 실적(업적)을 연관 지어 물음표를 달지 않았다.

5. 새벽 운동 중 교통사고로 죽을 뻔하다

　현재의 집은 북한산 자락 아래 있어 운동도 하고 좋은 공기를 마시며 건강을 회복하기에 좋다고 생각했다. 그래서 나는 이사 오기로 결심했다.

　이사를 오자마자 새벽에 북한산 정상인 대동문에 올랐다. 당시 40대 초반이었고, 교통사고 후유증으로 4시간 만에 정상에 오를 수 있었다. 한 달간 주말마다 같은 길을 올라 다니며 길을 익혔고, 한 달 후에는 새벽 3시에 출발하여 2시간 만에 정상에 오를 수 있었다. 8년 동안 대동문에 계속 올랐고, 마침내 왕복에 1시간 20분밖에 걸리지 않게 되었다. 운동 후 아침 식사와 샤워를 하고 7시에 출근 준비를 마쳤다. 이것이 지금까지 이어져 오는 나의 생활 패턴이다.

　1994년, 대동문에서 내려오다 미끄러져 꼬리뼈를 다쳤다. 토요일이었고, 영업이사 어머님의 회갑 잔치에 참석하기 위해 마음이 급해 내려오다가 미끄러졌다. 그 상태로 부평 관광호텔 회갑연에 참석했지만 고통이 심해 중간에 나와 대한병원에 입원했다. 병원에서도 사무실 일을 봤다.

　그 이후 새벽 3, 4시에 4.19탑 주변 트랙을 1시간 반 정도 걸었다. 빠른 걸음과 뛰기를 섞어 운동하면 온몸에 땀이 흐르고 개운했다. 이 방법은 이전보다 안전하고 좋았다. 2008년까지 이 운동을 지속했지만, 4.19 국립묘지에서 보안 때문에 대문을 6시에 개문하게 되면서 더 이상 나의 시간과 맞지 않게 되었다.

그래서 104번 버스 종점에서부터 아카데미하우스까지 걷는 것으로 운동을 변경했다. 대여섯 번 정도 왕복을 하면 1시간 반 정도가 걸렸다. 차도는 위험하기에 난 랜턴을 켜고 다녔고, 그 시간에 새벽 운동하는 사람들이 날 알아보게 되고 서로 인사도 나눴다.

그 길에는 주차 차선이 7개, 4개, 3개씩 있는 곳들이 있었다. 7개의 주차선을 지나갈 때는 홍수환 권투선수의 7전8기를 떠올리며 내 인생을 대입했다. 나 역시 일곱 번 넘어져도 여덟 번째에는 다시 일어나 이겨 왔던 삶이었다. 3개와 4개짜리 주차선을 지날 땐 세 걸음에 넘어지고 네 번째에는 다시 이길 수 있다는 다짐을 했다.

나는 이른 새벽마다 이토록 많은 상념을 하며 하루를 계획하고 준비했다. 언덕을 만나면 비탈길을 힘겹게 올라 넘은 후, 새로운 바람이 불어 새로운 마음으로 더 높은 비탈길을 다시 오른다는 각오를 다졌다. 인적이 드문 새벽 시간에, 항상 여러 생각들을 하며 마치 도를 닦듯 운동했다. 2015년까지 8년간 이어진 일이었다.

계절과 절기의 변화에 따라 해가 뜨고 지는 시간이 달라지는 것을 온몸으로 느낄 수 있었다. 눈은 보이지 않았지만, 다른 모든 감각이 더욱 예민하게 열려 있었다. 언덕 너머에는 어떤 풍경이 펼쳐져 있을까 상상하며 걸었다. 단풍이 물든 가을에 엉뚱하게도 황금 사과밭을 상상하기도 했다. 눈은 보이지 않았지만, 놀라운 영감과 상상력이 내 안에 존재했다.

한겨울이었다. 그때 난 솜바지에 위에는 오리털 파카를 입고 손에는 가죽장갑을 끼고 있었다. 1번 마을버스가 아카데미하우스에서 내려와 우회전을 하는 지점에서 유턴을 하다가 길을 꺾는 날 때렸다. 난 앞으로 고꾸라졌고 그 상태로 기절을 했다.

어디선가 여자의 외침 소리에 의식을 되찾았다. 눈을 떠 보니 내 몸은 버스 아래 네 바퀴 사이 정 가운데에 반듯이 엎어져 있었다. 그 버스는 내 바로 위에 서 있었다. 즉, 난 조금만 잘못되었다면 그 자리에서 버스 바퀴에 깔려 즉사했을 것이다.

소리를 지른 여자는 운전기사였다. 연락을 받고 놀란 아내가 택시를 타고 달려왔고, 나는 그 택시로 한일병원에 가서 입원과 검사를 받았다. 가죽장갑이 찢어지고 손바닥에 찰과상이 생긴 외에는 이상이 없었다. 7일간 입원하며 다른 검사를 받고 퇴원했다.

버스 운전기사는 300만 원을 갖고 찾아와 자신을 고발하지 말아 달라고 통사정했다. 사건이 공론화되면 그녀는 다시는 기사로 취업할 수 없을 것이라고 호소했다. 나는 그녀를 용서하기로 하고, 버스에

달린 블랙박스 영상을 요구했다. 누가 봐도 버스 아래에 온몸이 깔렸음에도 상처 하나 입지 않고 살아난 건 기적이었기 때문이다. 그 영상을 TV 프로그램 〈세상에 이런 일이〉에 보내려고 했다.

난 신이 있다면 그 신이 내가 살아온 세월들에 겪었던 온갖 고난에 대한 보상과 아직은 이생에서 더 할 일이 있다는 계시를 주었다고 믿었다. 아직은 나에게 더 해야 할 사명들이 있을지도 모른다는 생각에 난 울컥해졌다. 난 그렇게 죽다가 다시 태어난 듯한 기분으로 오늘 하루하루를 살고 있다.

그러나 블랙박스를 복원해서 주겠다던 버스 기사는 1년이 지났는데도 복원이 안 되었다며 영상을 건네주지 않았다. 별수 없이 나는 그 영상을 단념하고 말았다.

아직도 가끔 아카데미하우스 근처에서 그녀와 마주친다. 눈은 보이지 않지만 목소리로 그녀가 다른 기사들과 수다를 떠는 걸 알아본다. 하지만 그녀는 나를 알아보는 척하지 않는다. 나는 못내 서운하고 괘씸한 마음이 든다.

그 사건 이후 나는 아카데미하우스에서만 운동했다. 인도와 주차선만 이용하고 도로에는 절대 접근하지 않았다. 이른 새벽 운동을 나가면 MTB를 타고 신익희 묘소까지 가는 남자를 만난다. 그는 매일 같은 시간, 같은 동선에서 운동을 했고, 나에게 인사를 건넸다. 나는 그의 얼굴을 모르지만, 매일 손인사만을 했다.

　버스 주차장에는 워커힐 호텔 직원들을 5시에 출근시키는 전용 버스가 있었다. 그 기사와도 인사를 나누곤 했다. 그때 마주친 사람들은 등산이나 약수를 뜨러 오는 두 부류였다. 과자나 간식을 사서 나눠 주기도 했지만, 세상이 흉흉한지 받지 않는 사람들도 있었다. 그래서 작은 선행을 그만두었다.

　2022년 12월, 지인이 만들어 준 지팡이를 짚고 버스 정류장 앞에서 체조를 하다가 주차된 차를 살짝 스쳤다. 모르고 한 일이었지만, 차에서 내린 남자는 문짝에 흠집이 났다고 화를 냈다. 그는 결국 경찰을 불렀다. 하지만 달려온 경찰들은 자기들이 해결할 수 없는 종류의 일이라며 그대로 돌아갔고, 그는 내 명함을 받아 갔다.

　그 후 그는 흠집 복구 대가로 40만 원을 요구하며 끊임없이 전화를 걸었다. 결국 20만 원에 합의하고 돈을 물어 주었다.

　20만 원 준 것이 아까운 것이 아니라, 나쁜 사람들이 있음을 느꼈기 때문에, 거기에서는 겁이 나서 더 이상 운동을 못 하겠다는 생각이 들었다. 그때 이후로는 집에서 운동을 한다. 안방에서 실내 사이클을 한 시간 타면 온몸에 땀이 차오른다. 그러면 난 샤워를 하고 5시에 식사를 한 후 7시에 기사가 오면 출근을 한다. 40대 때부터 오전 3~7시의 스케줄은 이렇듯 정해져 있다.

10장. 운명과 선택, 인연들

1. 운명은 어쩔 수 없이 받아들일 수밖에……

　내가 이 회고록에서 '신', '하느님'이란 표현을 쓴 것은 특정 종교의 신, 하느님이 아니라, 그냥 우리가 일반적으로 부르는 신이고 하느님이다. "신이 노했나!" "하느님 맙소사" "하늘도 무심하시지" 할 때의 하느님이다. 뭐 굳이 다르게 표현한다면 천지신명, 어떤 초월적 존재를 뜻하는 말이다. 부디 오해가 없기를 바란다.

　나는 자식들을 키울 때 눈 때문에 못 해 준 게 많았다. 다른 아버지들처럼 야구나 수영 등의 놀이를 함께 해 주지 못한 것을 나는 다른 식으로 보상해 주었다. 퇴근길에는 늘 아이들이 먹을 무언가를 사 들고 들어갔고, 주말이면 늘 가족 여행을 떠났다. 그런 식으로 내 약점과 단점들을 메꾸려고 항상 노력했다.

　누가 내 가족이 되든지 간에 나의 운명, 나의 시각 장애로 인해 내가 짊어지고 가야 하는 그 모든 운명에는 변화가 없었을 것 같다. 나는 눈이 나쁠 것이며 내가 가족들에게 해야 하는 의무와 책임에서 당당하지 못해 노심초사하며 남들과는 다른 식의 노력을 해야 하고, 나의 아내에게 불편을 주게 되었을 것이다.

　즉 시각 장애자라는 내 운명은 선택의 갈림길에서 어떠한 선택을 하든 내 인생을 차이가 없도록 만들었을 것이다. 그래서 팔자는 뒤집어 놔도 팔자라는 말이 있는 것 같다.

　내가 살면서 해 왔던 모든 선택과 결정에 미련을 갖거나 후회하지 않는 이유가 여기에 있다. 어차피 내 운명은 하느님이 정해 주신 길로 이끌려져 왔으며 하느님이 보우하사 내가 이 눈으로도 이만큼 살고 있다고 생각한다.

　그 젊은 날의 나는 오늘날의 삶을 상상할 수 없었다. 오히려 미래에서 항시 따스한 바람이 불어와 내 모든 일상을 한 줄기 빛으로 비추었다. 비록 내가 지금 다다른 곳은 어릴 때의 상상 속과는 확연히 다르지만 나는 자신 있게 말할 수 있다. 후회 없는 삶을 살았노라고.

　나는 운명론적 회의론자가 아니다. 내 자신의 노력과 의지로 충분히 길을 개척하고 인생을 바꿀 수 있다고 생각하는 쪽이다. 그러나 한계 상황이 닥치고 그것으로 인해 절망을 맛보게 되면 하느님을 차마 원망하지 않을 수 없게 된다.

　하느님이 나에게 왜 이런 눈을 주셨는지 알 수 없지만 때로는 이해할 수 없는 고난 앞에서도 살길이 존재한다는 건 분명하다. 만일 내가 시각 장애가 없었다면 애초에 사업에 뛰어들 일도 없었을 것이다. 아마도 난 공부를 계속해서 내 나름의 길을 걸었을 것이다.

　그러나 내 운명은 날 그렇게 놔두지 않았다. 하느님이 날 다른 도구로 사용하고자 하는 게 아닐까 하는 생각이 든다. 그리고 앞서 말했듯 버스 아래에 깔렸다가 구사일생으로 살아난 이후 난 어쩌면 살아난 것이 나를 다른 도구로 쓰시려는 그분의 뜻이 아닌가 생각한다. 나에게 부여된 소명. 나는 이것을 요즘도 찾고 있다.

2. 인연을 소중히 하고 멀리 보고 사귀어라

내가 맺은 수많은 인연들 중에서 가장 기억에 남는 두 가지를 말해 보겠다. 모두 내가 청계천에서 공구 장사를 하던 그 시절의 것들이다.

첫 번째 인연의 시작은 내가 동대문에서 타월 도매상 사장님의 집사 시절을 하던 때로 거슬러 올라간다.

그 당시에 B 건축이라는 중견기업이 있었다. 건축업계에서 매출 1위를 달성하는 탄탄한 기업이었는데 그 회사의 본사 건물에 어느 날 화재가 발생했다. 화재는 금방 복구되었으나 시장에 떠도는 소문은 좋지 않았다. 그 회사 측에서는 자신들이 아직 건재하다는 증표로 타월을 찍어 돌리고자 했다.

그는 계약금을 내고 글자를 새겨 달라고 주문했다. 물건을 찾으러 와서 잔금은 한 달 후에 주겠다고 했는데 사장은 이를 거절했다. 그런데 내가 보니 그 회사의 입지는 여전히 탄탄했으며 외상을 줘도 물건 값을 회수하는 데에는 조금도 지장이 없을 듯했다. 나의 생각은 그 타월을 건네주어야 상대방 회사에는 도움이 될 것 같았고 우리 회사는 별 지장이 없을 것 같아 나는 한 달 후에 대금 결제하겠다는 약속을 받고 타월을 내줬다. 심지어 삼천 장이 되는 타월에 각인까지 새겨서 말이다.

1970년, 나는 청계천 세운상가에서 우연히 B 전축 구매 과장을 다시 만났다. 그는 나를 알아보고 무엇을 하고 있는지 물었고, 나는 당연히 공구 판매업을 하고 있다고 대답했다. 그 순간, B 전축이야말로 공구를 가장 필요로 하는 회사라는 생각이 번쩍 들었다. 나는 그에게 나의 가게를 보여 주며 도움을 요청했다.

놀랍게도 그는 그 자리에서 바로 견적을 요구했다. 나는 견적 리스트를 제시했고, 그는 가격에 만족하며 발주를 했다. 그렇게 나는 그 회사와 한 달에 약 1,500만 원의 거래를 시작했다. 1978년 공구 도매상을 시작할 때까지 나는 그곳에 많은 납품을 했다.

두 번째 인연은 1970년, P 정밀전기 회사와의 관계에서 시작되었다. 이 회사는 기아와 현대차에 계기판을 공급하는 업체였지만, 1970년 자금 사정 악화로 어려움을 겪었다. 순식간에 모든 거래처들이 그 회사와 거래를 중단했지만, 나는 검토 결과 회사가 일시적인 어려움은 있으나 여전히 건재하다는 것을 확인했다. 그래서 나는 유일하게 물건을 납품하기로 결정했다.

당시 회사는 어음이 돌지 않아 정기 결제가 어려웠지만, 나는 믿고 기다렸다. 그리고 1년 후, 회사는 서서히 회복되어 결제가 정상화되었다. 1972년부터 1978년까지 나는 그 회사로부터 많은 도움을 받았다.

여기서 내가 말하고 싶은 게 한 가지 있다. 모두 높이 날아 멀리 보는 새가 되길 바란다. 고작 눈앞의 이득만을 쫓아 전전긍긍하며 하루하루를 먹고 사는 데에만 급급할 게 아니라 높은 시야로 멀리 바라보며 큰 비전을 그리길 권면한다.

그리고 인연을 소중히 여기라고 말하고 싶다. 지금 여러분들의 눈앞에 있는 사람들이 다 천사나 부처님이라는 마음가짐으로 모두를 대하라. 옷깃만 스쳐도 인연이라는데 여러분이 뿌린 작은 씨앗이 언젠가 커다란 열매로 맺어져 여러분들을 풍성하게 할 것이다.

다만 주의할 것은 만나는 사람들마다 모두 좋은 인연이 되는 것은 아니라는 점이다. 모든 인연이 선연만 있는 것이 아니고 악연도 있다는 것을 명심해야 한다.

'옷깃만 스쳐도 인연이다'라는 말은, 좋은 인연을 맺을 때의 이야기라는 것이다. 악연을 맺게 되면 평생을 고통 속에 살 수도 있다. 부부간에도 그래서 이혼, 졸혼 이야기가 나오는 것이 아닌가?

그럼, 악연을 피하고 좋은 인연을 맺으려면 어떻게 해야 하는가?

무엇보다도 사람을 잘 만나야 한다. 사람의 마음을 보고 판단해야 한다. 그런데 '열 길 물속은 알아도 한 길 사람 속을 모른다'라는 말이 있다. 어떻게 사람의 마음을 안단 말인가?

마음은 행동으로 드러나기 마련이다. 그럼 어떻게 드러난 사람을 선택해야 하는가?

자신보다 여러분을 먼저 배려하는 사람을!
말을 앞세우기보다는 행동으로 실천하는 사람을!
새콤한 사이다 맛보다는 구수한 숭늉 맛 나는 사람을!
화려한 말을 구사하는 사람보다는 신중하게 행동하는 사람을!
말과 행동이 번지르르하고 매끄러우며 버터 냄새 나는 사람보다는 매너가 좀 서툴더라도 묵묵하며 황토 흙 냄새 나는 사람을!

자꾸 주위, 주변을 살피거나 여러분의 눈치를 보는 사람도 피하라. 사람을 사귐에 있어서 이해득실에 민감한 사람에 유의해야 한다. 그들은 단물이 빠지면 언제 보았냐는 듯이 여러분 곁을 떠난다.

3. 기억에 남는 사람들

살면서 도움을 주었던 사람들이 떠오른다.

앞서 언급한 바 있지만, IMF 이후에 내가 어려운 상황에서 재기하는 데 도움을 준 사람이 있었다. 그분은 나에게 공장을 무상으로 360평을 빌려주고 사용하라고 했다.

그 사람은 이민을 가면서 자신이 매입한 가격보다도 공장을 낮게 팔았다. 난 그 공장을 담보로 대출을 받았다. 참으로 고마운 분이다. 지금은 소식이 끊겼지만 부디 잘 지내시길 빌고 있다.

다음은 나의 건강을 위해 온갖 귀한 보약을 가져다준 사람 이야기이다.

그는 대전 출신으로 베트남 전쟁에 참전했던 용사였는데, 귀국 후 이혼하여 혼자 산다고 했다. 나이는 나보다 3~4살 많으나 동갑으로 알고 지냈다.

1992년도에 내가 이 사람과 교분을 맺게 된 것은 북한산 자락으로 이사 와서 대동문을 함께 오르면서부터이다.

매주 토요일, 일요일 아침 6시에 문 여는 식당이 있어, 등반 후에는 그 친구와 아침 식사를 거의 함께 했다. 식사비는 주로 내가 지불했다.

그에게 지금까지의 나의 역경을 이야기했고, 그도 지난날의 이야기를 해서, 우린 서로 공감을 했고 교감을 나누며 지냈다.

자신도 가슴 아픈 사연이 있음에도 불구하고, 내가 눈이 약간 나쁜 것을 알고는 있었으나 시각 장애자란 것을 이제 알았다며 무척 가슴 아파했다.

내가 사업하고 있는 청계천 매장에 자주 왔었다. 시각 장애로 실패했거나 내가 하고 싶은 것을 못 했던 이야기를 자주 듣다 보니, 내가 가식이 없고 존경스러운 부분도 있고 애처롭게 느꼈는지 친하게 지내게 됐다.

아무 조건 없이 만나고 지낸 친구로 서로 밑바닥부터 모르는 것 없이 가깝게 지냈다. 어떤 계산을 하고 만나며 지내는 사이가 아니었다. 그냥 흉허물 없이 지냈다.

그는 한약과 양약을 다루는 일을 하고 있었다. 약사가 아닌데 약국을 운영했다. 그는 약사들이나 의사들의 어떤 점을 지적하기도 하는 올바른 정의파였다.

그는 나에게 보약이 되는 것도 주면서 "이런 보약 다 필요 없다. ○○제약에서 ○○으로 만든 것이 있는데 그걸 먹으면 만병통치약이다."라고 했다. 내가 미심쩍어했더니, 자기 말 안 믿어지면 그럼 보약을 가져다주겠다고 했다. 그는 눈에 좋으라고, 건강하게 살라고, 좋다는 것이 있다면 나에게 가져다주었다. 자기가 나한테 해 줄 수 있는 것은 귀하고 좋은 약뿐이라면서.

녹용, 웅담, 사향, 상황버섯 등을 가져왔고, 하다못해 등산 다닐 때 필요한 큰 장갑도 새로 나오면 사 가지고 왔다. 어떤 때 녹용을 가져오게 되면 뿔 반 개를 가져오기도 했다. 그래서 내가 다 먹을 수 없어서 친구들에게 나누어 주기도 했다.

우리 집사람이 말하기를 그렇게 좋은 여러 가지 보약을 많이 먹었으니 다른 약을 먹을 필요가 없겠다고 했다. 아마도 건강하게 100세 이상 살지도 모르겠다고 했다. 자기가 먼저 세상을 떠나면 안 되는데 큰일이라고 했다. 여자는 혼자 살 수 있어도 남자는 혼자 살 수 없는 거라고 하면서.

그와 친해지면서 등반은 물론 오징어회 먹으러 주말에 주문진까지 함께 놀러 다녔다. 그와 주문진 여행을 하면, 우리와 함께 다른 친구 두 명도 동행했다. 사실 둘이서 이야기하다 보면 할 말이 떨어지고, 대화가 끊기게 된다고, 세 명 이상이 모여야 이야기가 계속된다고 하면서 부르게 됐다.

그는 아내와 이혼할 때 땅이 꽤 있었는데 아내에게 다 줬다고 했다. 그녀는 지금도 거기에 산다고 했다.

그는 귀국 후 이혼 과정에서 소주 48병, 두 박스를 먹은 적이 있다고 했다. "소주 48병을 한꺼번에 먹다니 거짓말하지 마라." 하니 이런 저런 증거를 대기는 했으나 도무지 믿어지지 않는 이야기였다. 지금은 그렇게는 먹을 수 없다고 했다. 그 후 술은 줄였지만 그때의 과음으로 장기가 잘못돼서 일찍 죽게 된 것 같다.

그는 키가 나와 같이 172cm였으나 몸무게는 50kg밖에 안 나갔다. 그래서 나는 '빼빼'라는 별명을 붙여 주었다. 머리가 좋아서 생각이 앞서 나가니 말은 약간 더듬으나 장애성은 아니었고, 얼굴 모양은 갸름하고 예쁘게 생겼었다.

2012년에 그는 세상을 떠나게 되는데 형제도 없었다. 따님이 혼자서 장례를 치르고 있었다. 아마도 딸은 의료 업계에 종사했던 것 같은데 다행히 딸은 똑똑해서 장례를 잘 치른 것 같았다.

그때 나는 두 군데의 장례식장에 동시에 가야 했다. 한 곳은 참 애처로운 그 친구였고 또 한 곳은 오랜 모임의 형수였다. 그래서 그 친구 장례식에 잠깐 문상만 하고 형수 장례식에 갔다. 그래서 그 친구의 장례를 치러 주지 못했다. 내가 시각 장애자여서 어떻게 장례를 치를 수도 없었다. 비록 내가 시각 장애자일지라도 모든 어려움을 감수하고, 꼭 내가 장례를 치러 줬어야 하는데 아주 유감스럽고 안타깝다.

아무리 생각해도 내 죄가 크다.

4. 한약국 아들: 고위 관료가 된 친구

중학교 시절 가장 부러웠던 친구는 옆자리에 앉았던 한약국 아들이었다. 안경을 쓰고 있었고, 경제적으로도 부족함 없이 공부에 집중할 수 있는 환경이었기 때문이다.

그는 일찍이 고시에 합격하고 관직에 진출했다. 이 친구는 태국과 일본으로 유학을 가기도 했었는데, 우물 안 개구리였던 우리들에게 세계를 바라보는 새로운 시각을 제공했다. 같은 아시아권임에도 불구하고 그들이 세계를 보는 시각이 우리와 다른 면을 소개해 줬다.

또한 우리는 1980년대 한강 개발을 자랑스럽게 여겼는데, 그가 한국 대표로 유럽에 갔었을 때 그들이 한강 개발을 비판하더라는 것이다. 강이란 모래 백사장도 있고 갈대밭도 있어야 그것이 강다운 강이라는 것이다.

그때 우리는 한강 변을 시멘트로 덮고 있었고, 우리도 유럽 선진국처럼 유람선이 강 위로 떠다니게 되는 것을 자랑스럽게 여기고 있었으니! 강 위를 유람선이 다니는 것이 무척이나 부럽고, 그것이야말로 선진국의 모습이라고 생각했던 것이다.

1980년대 초 내가 사업을 할 때 부동산 담보가 부족했는데 인적 보증을 해 주었다. 내가 본의 아니게 부도를 내게 되었을 때 나에게 원망하거나 책임도 묻지 않았다. 전적으로 나를 믿고 기다려 줬다. 내가 1998년도 사업에 실패했을 때나 재도약을 할 때, 그의 아내는 나한테 돈을 빌려주기까지 했었다. 내가 잘못돼도 푸념이나 원망 한마디 하지 않았다.

이 친구는 선후배들이 모두 칭찬을 아끼지 않는다. 예를 들면 고위 공직자였을 때에나 S그룹 이사였을 때나 P그룹 사장이었을 때에도 초등학교 동창이나 중학교 동창들을 변함없이 대했다. 그는 서울 모임에서 또는 대전에 내려가면 동창들에게 대접을 하곤 한다. 동창 여행할 때는 찬조금을 두둑이 내었다.

특히 그가 동창들을 만날 때에는 회사에서 제공하는 전용차를 타고 절대 나타나지 않는다. 안 보이는 곳에 세워 두고 걸어서 모임 장소에 나타난다. 동창들 앞에서 으스대거나 권위를 내세우지 않는다. 그래서 동창들이 그 점을 높이 사고 있다.

내가 원인을 알 수 없는 심한 복통으로 서울대병원에 갔었는데, 빈 입원실이 없었고 수술 날짜가 잡히지 않았다. 당일 밤 11시에 기다리다가 죽을 수도 있다고 생각한 이 친구와 이탈리아를 한 달 동안 함께 여행한 모 건설 부장 친구가 나를 삼성병원으로 긴급히 이송시켰다. 난 긴급히 수술을 받았고, 그들은 새벽에 집으로 귀가했을 것이다.

한편으로 나의 아내는 이들과 교대하러 왔었다. 아침 7시 40분쯤에 간호사로부터 성수대교가 붕괴되어 수십 명이 사망했다는 소리를 듣고 가슴이 철렁했다.

두 친구들이 돌아가는 시간이거나 나의 아내가 교대하러 오는 시간에 사고가 났더라면 어쨌을까 생각하니 눈앞이 캄캄하기도 했다. 그 시간대에는 성수대교를 통과하지 않았음을 알고 가슴을 쓸어내렸다. 나를 위해서 밤을 새워 준 두 친구가 그렇게 고마울 수가 없다.

나와 이 친구와 모 건설 부장이랑 부부 동반으로 타이완 일주일 여행을 다녀오기도 했었다.

모 건설 부장과 모 공사 부장은 나의 초·중학교 시절 친구는 아니다. 그들은 한약국 아들과 친한 친구인데, 나와도 친한 친구가 되었다.

우리 4명(나, 한약국 아들, 모 건설 부장, 모 공사 과장)은 부부 동반으로 모임을 종종 갖기도 했다. 최초로 나의 결혼 시점부터 모임을 갖기 시작해서, 회비를 모아 자녀들의 첫돌, 초·중·고·대학 입학할 때 입학 축하금을 주었다. 각자가 자녀들이 둘씩이었는데 입학 축하금을 다 준 다음에는 그냥 친목을 다지는 모임으로 4명이 부부 동반으로 모임을 계속하고 있다.

모 건설 부장은 상무, 부회장을 거쳐 현재는 아프리카 공사 현장에 나가 있고 모 공사 과장은 이탈리아, 미국 등에서 근무하다 관광 경영학 교수로 정년퇴임을 한 후 강원도에서 전원생활을 하며 문화 관광 영어 해설사로 활동하고 있다.

참으로 고마운 친구들이다. 그들과의 우정은 내 삶의 큰 축복이다.

5. 용돈벌이 나가는 전직 교사 친구

전직 교사는 첫사랑으로 나와 비슷한 경험을 했기 때문에 내 마음을 잘 이해하고 있다.

그도 초등학교 때부터 첫사랑과는 같은 반이 아니었다. 꼭 같은 반을 해 보고 싶었는지 중학교 2학년으로 올라갈 때 자신을 남녀 합반으로 바꿔 달라고 요청하기도 했다. 물론 그의 요청은 받아들여지지 않았다.

그는 너무나 예민했다. 고압 전선 밑을 지나가면서 하필이면 자기가 지나갈 때 저 고압전선 끊어져서 감전사하지나 않을까 걱정한 친구였다. 그렇게 예민해서 그랬던지 그는 중2 때 어떤 일로 인해 노이로제(신경쇠약)에 걸려서 그때부터 기억이 잘 안 되고 책을 보면 활자가 막 움직였다고 한다. 이것이 그의 인생을 틀어지게 한 가장 핵심적인 이유 중의 하나였다고 한다. 또 한심한 것은 자신이 어떤 병에 걸린 것이 아닌가 하는 고민 아닌 고민을 안고 살았다고 한다.

그가 서울시 공무원으로 합격해서, 맨 처음 상경했을 때 당분간 우리 집에서 기거하기도 했었다. 그는 자력으로 대학을 다니면서, 돈이 모자랄 땐 자주 나한테 와서 돈을 '빌려' 달라는 것이 아니라 돈 좀 '달라'고 하는 친구이다. 나한테 자신의 금고라도 맡겨 놓은 것처럼! 한약국 아들이 말하길 '칼만 안 든 귀여운 강도'라는 것이다. 그런데 이상한 것은 그가 싫거나 밉지가 않았다.

그는 현실 감각이 거의 없는 이상주의자이자 몽상가다. 그의 행동과 생각은 종종 상식을 벗어나기도 한다.

이 친구는 정말 가관이었다. 초등학교 6학년 때 친구가 성경책을 읽어 보라고 주면, 자신이 독자적이고 독창적인 생각을 하는 데 방해가 된다고 생각한 아주 오만한 친구였고, 중학교 1학년 때 소풍가서는 선생님께서 주는 술잔을 맨 처음 받아먹은 용기 있는 친구이기도 하다.

그런가 하면 학교 앞 문방구에서 치약을 파는지 물어볼까 말까 3일을 망설였다는 친구이다. 어찌 보면 행동은 돈키호테 같기도 하고, 생각은 햄릿 같기도 했다. 또 다혈질이기도 했고, 도무지 종잡을 수 없는 친구이다.

그를 처음 대하는 사람들은 혼란을 느낀다. 어벙하게 생기고 몸은 약간 구부정하고, 어디 꼭 덜떨어진 놈 같아 보였는데, 말을 나누다 보면 자신들은 지금까지 전혀 들어 보거나 생각해 보지 못한 이야기를 하는 것이다. 도무지 저 친구 입에서 나올 말이 아닌 것이다. 그래서 황소가 뒷걸음치다가 쥐 잡은 격으로 바보가 어쩌다 천재 같은 말을 한 것이라고 생각했는데, 그것이 어쩌다 나오는 말이 아님을 알게 되어 더욱 혼란을 느끼게 되는 것이다.

 그런데 이 친구는 이런 반응을 이미 예상하고 이를 즐기고 있는 것이다. "그렇지, 너희 수준은 그렇게 생각할 수밖에 없지."라고 생각하는 것이다.

 똑같은 말도 그가 하는 말이라면 반응이 없어서, 유명한 철학자의 말인 것처럼 말했다고 한다. 그러면 그들은 "그렇지. 딱 맞는 말이야."라고 맞장구를 치더라는 것이다.

 그리고 사람들이 그를 보고 '미친놈' 같다고 하면 좋아했다고 한다. 왜? 저들이 자신을 볼 때 '미친놈이 아니'라면 그는 저들과 같은 부류의 인간이기 때문이다.

 그는 퇴근 후에는 우리 사무실에 들러서 나를 종종 도와주었다. 특히 영어 잡지에 실린 제품들에 대해서 내가 확대경을 사용해서 제품들에 대한 설명을 해석했는데, 바쁠 땐 그와 함께 작업을 했었다.

 그러다가 1980년대 초 기관지 계통이 별로 안 좋은 그는 고향 땅으로 내려가 교직에 몸담게 되었다. 그가 내려가면서 하는 말이 "이제는 중화학 공업의 전성시대이지만 새로운 시대(컴퓨터 시대)가 도래할 것이니 그걸 준비하면 어떻겠냐?"였다. 우리나라 재벌들도 반도체 산업을 시작했다는 소리를 소개하면서 한 말이었다.

그가 제안하기를 ○○대 출신 관련 학과 몇 명과 함께 창업을 하면 어떻겠냐고 권유하면서 내려갔다. 나도 진작부터 그렇게 인식하고 그런 계획을 세워도 봤지만 눈이 나쁜 내가 거기까지 신경 쓸 겨를이 없었다.

그 묘한 친구는 자기의 첫사랑을 다른 사람에게 소개해 주기도 했다. 자신의 첫사랑이 낯모르는 사람에게 시집간다는 것은 도저히 상상하기 어렵다고 했다.

첫사랑과 같은 반을 하지 못했던 안타까움을 잘 아는 그는, 남녀 공학이면 남녀 합반을 해야 한다고 강력히 주장하여 그것을 관철시켰다고 했다. 그것도 일주일에 한 번씩 돌려 가면서 상대를 바꿔 앉게 했다. S와 같은 반을 못 해 본 나 또한 그렇게 했을 것이다.

더 나아가서 3학년 담임일 때 고교 입학시험이 끝난 후 그 반의 여학생과 서로 좋아하는 다른 반의 남학생을 그 반으로 데려와 그 반의 여학생 옆에 앉히기도 했다. 또한 일요일에 학교에 등교한 학생들을 강당으로 데려가 무용 시간에 배운 춤을 남녀가 짝을 지어 추게 하였다. 추억을 만들어 주기 위해서였다.

그는 남에게 물질적 도움을 적극 요청하기도 했고 물질적 도움을 받기도 했지만, 남이 요청하기도 전에 먼저 물질적 도움을 주기도 했다. 또 돈을 꾸어서라도 필요한 사람에게 주었다. 갚을 것을 기대하지 않고. 오죽 답답하면 자신에게 돈을 꾸러 왔겠냐고 하면서…….

한번은 어떤 카페의 익명방에 돈이 없어 일주일을 설탕물만 마신다는 어느 여인에게 돈을 송금하기도 했다고 한다. 화상을 입어서 일자리도 못 얻는다고.

그는 지금 용돈벌이를 나간다고 한다. 재직 시에 자신의 활동비를 별도로 마련하려고 채권형 펀드와 신용을 담보로 엄청난 금액의 대출을 받아 주식형 펀드에 가입했다. 그러다가 2008년 글로벌 금융위기 때 주가 대폭락으로 빈털터리가 되었는데, 그것을 모르는 아내는 퇴직하기만을 눈 빠지게 기다리고 있었다. 30여 년 동안 제대로 안 먹고 안 써 모은 돈이었는데 그것을 다 날려 버렸다. 그래서 그는 아내가 무서워서 퇴직하는 날부터 5개월간 출가를 했었다가 그럭저럭 무마가 돼서 귀가했다. 그런데 퇴직할 때보다 요 몇 년 사이에 집값이 2~3배로 올랐다. 그 때문에 약이 바짝 오른 그의 아내가 용돈을 주지 않자 할 수 없이 용돈벌이를 나서게 되었다고 한다.

6. 교수가 된 학구파 친구

교수가 된 친구는 학업에 대한 뛰어난 재능을 가진 친구였다. 그는 중학교 입학시험에 전체 수석을 차지했다.

입학식에 참여한 어떤 사람이 앞으로 노정호가 공부로 날릴 것이니 잘 지켜보라는 말을 했다고 한다. 그래서 나에게 상당한 기대를 거는 사람이 있었음을 알게 되었다.

이때 중학교는 8개 초등학교 출신들이 입학을 했기 때문에 은연중 출신 초등학교별로 경쟁심이 있었다. 나도 내 출신 초등학교의 대표였기 때문에 전체 수석을 한 학생을 실력으로 눌러야 한다는 어떤 사명감이 있었다.

나는 시력이 안 좋음에도 불구하고 내 출신 초등학교의 명예를 걸고 열심히 공부한 결과 1학년 어느 시험 때인가는 전교 3등까지 했었다. 그래서 이제는 목표에 가까이 왔구나 하고 마음을 먹었으나, 역시 눈이 따라 주지 않았나 보다.

2학년 초에 전교 13등을 해서 낙망을 하고 있었는데, 전체 1등하는 친구가, 나보고 "그 정도면 잘한 것이지, 뭐."라고 말해서 나는 매우 서운하게 생각했고, 내 마음속에 '그래, 누가 더 잘되나 보자.' 하고 꼭꼭 새겨 두었다.

역시 그는 공부를 잘해서 미국으로 유학을 갔고 박사 후 과정까지 마치고 귀국했다. 그리고 모 대학 교수로 채용되었다. 나는 당연히 그의 성공을 축하해 주었지만, 나는 중학교 때 그에게 받은 서운함은 아직도 기억하고 있다. 나는 공부 대신 경제력으로 승부를 하겠다는 생각을 하고 있었다. 나는 사업을 시작했고, 밤낮으로 노력하며 성공을 위해 매진했다.

이 친구도 현실 감각이 무디기는 마찬가지이다.

영화에서 두 남녀가 요란하게 애정을 표현하는 장면이 실제 행동은 아닐 것이다. 하지만 그 친구는 영화는 현실을 그대로 반영하는 것만은 아니며, 연출 효과를 위해 다양한 장면을 보여 준다는 것을 이해하지 못하는 것 같았다. 아마도 그만큼 순수했던 것 같다.

하여간 그는 대단한 학구파였지만, 사회적 인간관계에 대해서는 좀 무관심했던 것 같다. 보통 2년 선후배까지는 알아보기 마련인데, 그도 눈이 나빠서인지 선후배 구분을 하지 못하는 때가 종종 있었다. 다른 친구들은 후배로부터 인사를 받으면 아는 체를 해 주는데, 이 친구는 그런 면이 별로 없었다.

그가 귀국해서 동생들이 잠실에 전세를 살고 있었는데 더 큰 곳으로 이사를 하려 했더니 3,000만 원이 부족하다고 일주일만 빌려 달라고 해서 그 당시 나의 사정이 어려움에도 불구하고 일부는 꾸어서 빌려줬다. 과거에 서운했던 마음은 떨쳐 버리고 돈을 빌려줬다. 그런 사실을 그 친구는 알았는지 모르겠다. 하지만 나는 그에게 도움을 줄 수 있어서 마음이 편안해졌다.

그가 속한 대학은 우리 사무실과 가까이 있어 자주 놀러 왔었고 그의 단골 맥줏집에 자주 가기도 했었다. 오랜 세월 동안 유학을 다녀온 친구인데도 영어 단어를 쓰는 것을 한 번도 본 일이 없다. 그러고 보면 우리의 친구들은 참으로 겸손한 것 같다. 웬만하면 영어로 된 용어를 쓸 만도 한데 말이다. 요즘 방송을 들으면 속이 뒤집어진다. 왜 우리말로 써도 되는 말을 꼭 영어로 쓰는지 모르겠다. 번역하기가 곤란한 학술 용어라면 몰라도.

그가 말했다. 나와 그 교사 친구는 '질기기가 고래 심줄(힘줄) 같다'고 했다. 그것은 맞는 말이었다. 난 오기와 끈기가, 그 교사 친구는 오만과 끈기가 있었다.

나는 무엇을 하든지 남에게 질 수 없다는 생각과 그것을 실현하기 위해서 끝까지 해 보는 성격이고 교사 친구는 겉으로는 드러내지 않지만 속으로는 오만하고, 자신의 이상과 추구하는 가치를 결코 저버리지 않기 때문에 한 말이었다.

나는 현실 생활에서, 그 교사 친구는 이상을 추구함에서 무척 끈질겼다. 그 교수 친구는 역시 과학을 전공한 자답게 우리 둘을 예리하게 관찰한 것이었다.

나와 교수 친구와 교사 친구는 정말로 지독한 음치였다. 우리들은 다른 친구들과 함께 노래방에 가면 완전히 꾸어다 놓은 보리짝 노릇을 했다. 왜냐하면 음치인 우리들이 노래하면 한참 올라가는 분위기에 찬물을 끼얹기 때문이다.

그런데 음치 셋이 노래방에 갔을 때에는 서로 간에 부끄러울 것이 없었는지라, 누구 눈치도 볼 필요가 없어서 제멋대로 목청껏 불러 댔다. 그렇게 신나게 노래 불러 본 적이 없었다.

전직 교사는 전형적인 문과형의 인간이고, 교수는 전형적인 이과형의 인간이었다. 둘 사이는 만나면 치열한 언쟁을 벌였다. 문과는 이상과 가치를 말하고, 이과는 현실과 논리를 말하기 때문이다. 특히 전직 교사의 실현 불가능한(?) 이상을 은근히, 또는 신랄하게 비꼬는 그 교수와 그에 맞서 핏대를 올리는 그 전직 교사의 모습을 다시 못 보는 것이 아쉽다. 둘의 붉으락푸르락한 표정을 지켜보는 것도 재미있었다. 둘이 지나치다 싶으면 내가 진정시켰다.

이제 그 친구는 영원히 다시 만날 수가 없다. 산을 등반하다가 승천하였기 때문이다.

안타깝다. 좀 더 함께하는 시간을 가졌어야 하는 친구인데…….

11장. 가족 이야기와 현재의 삶

1. 부모 형제 이야기

나는 꼭 효자라고는 할 수 없지만, 내 나름대로는 부모님에게 최선을 다했다. 형제들 중 가장 많이 버는 자식으로서 부모님을 가장 잘 보살펴야 한다는 것을 당연하게 생각했다.

조부모님 제사 때마다 시골에 갔다. 한밤중의 시골길이 무서워 난 양손에 정종병을 들고 걸었다. 어디선가 귀신이라도 나타난다면 물리치기 위해서였다. 집에 가는 길에는 무서운 저수지가 있었다. 일설에 처녀가 자살해서 처녀 귀신이 있다고 했다.

나는 결혼 전까지 주말마다 부모님을 찾아뵈었다.

아버지는 위암으로 돌아가셨다. 위암 말기에 아버지께서는 몸에 좋다는 것은 무엇이든 드시고 싶어 하셨다. 나는 아버지를 모시고 운전기사를 동행하여 주말마다 전국 각지의 명약을 찾아다녔다. 그것이 거의 반년의 시간이었다.

내 형은 군대에서 순직해서 국립현충원에 모셔졌는데 아내는 50년 동안 그 형의 제사를 모시기 위해 때마다 현충원에 제사 음식들을 차리러 나와 함께 갈 정도로 헌신적이다.

30여 년 전부터 형의 묘소를 찾는 가족은 나뿐인데 그곳에 갈 때마다 음복술을 마시며 아내와 시간을 보내다 오곤 한다. 현충원의 나무 그늘 아래에서 아내와 시간을 보내고 돌아오면 마음이 새롭고 가벼워진다.

나의 막냇동생은 어머니가 50세에 낳은 늦둥이였다. 그는 대전에서 고등학교를 다녔는데 고교 졸업 후 신체상의 이유로 군대를 못 갔다.

처음에는 내가 서울에서 그를 데리고 있으려 했지만 내가 시력이 안 좋아 여간 불편하고 힘든 게 아니었다. 그래서 난 바로 아래 동생에게 그를 맡아 달라고 부탁하며 내가 사는 아파트를 넘겨주었다. 그러나 그가 끝내 시골로 내려간다고 우겨서 날 막막하게 했다.

1982년도에 난 그 막냇동생에게 시골에 집과 염소, 송아지들을 사 주었다. 내 딴에는 그를 독립시키려고 한 것이었다. 그러나 그는 불과 3년 만에 술을 마시며 재산을 탕진했다. 그러더니 옥천에 있는 버섯 농장에 농사일을 하러 가겠다고 떠났다. 시골에 계신 형수님은 그를 묶어 두기 위해 여자를 소개해 주는 것이 좋겠다는 말을 했다.

형수님이 소개해 준 여자를 만났다. 보아하니 심성은 매우 착하지만 지능적인 부분이 다소 부족한 여자였다. 하지만 농사일만 잘하면 되므로 나는 그녀를 막내와 결혼시키려고 마음먹었다. 막내는 펄쩍 뛰며 거부 의사를 밝혔다. 그에게는 그녀가 눈에 차지 않았다. 그럼에도 난 설득을 해서 결국 막내와 그녀를 결혼시키는 데 성공했다.

결혼을 한 후 1년간은 그럭저럭 잘 살았다. 하지만 이후부터 그는 망가지기 시작했다. 그는 술로 돈을 늘 탕진했고 나에게 손을 벌렸다. 난 애처로운 마음이 들어 그가 달라는 대로 다 주었지만 그는 끝끝내 불건전한 삶을 벗어나지 못하다가 병으로 세상을 떠났다. 나중에 돌보미의 말을 들어 보니 그는 밥도 거의 안 먹고 술에만 의지했다고 한다.

2015년 동생이 세상을 떠났을 때 화장을 하고 납골당에 유골을 봉안하고 돌아오는 길에 나는 억장이 무너지는 듯한 슬픔에 휩싸여 흐느꼈다. 부모님을 모신 때보다도 더 큰 슬픔이 밀려왔다. 많은 부족함이 있던 동생이었기에 슬픔이 더욱 컸던 것 같다.

그러나 난 막내와는 다른 인생을 살아왔다. 청량리에서 교통사고가 났을 때에도 6개월의 입원 생활을 한 후 목발을 짚고 퇴원을 했다. 그러면서 아침에는 목발을 짚은 채로 차를 타고 출근하는 것을 보며 주변 사람들이 다 지독한 놈이라고 말들을 했다. 동네 아줌마들도 저런 사람이 어디 있냐며 보통 사람이 아니라고 입을 모았다.

그랬기에 세상을 떠나 버린 막내에 대한 나의 안타까움은 더욱 컸다. 그가 조금만 더 희망과 의지를 갖고 살았더라면 지금쯤 어땠을까 하는 생각이 들면 다시금 너무도 가슴이 아파 온다.

나는 막내를 조금 더 살뜰히 보살펴 주지 못한 죄책감과 이른 나이에 세상을 등진 그의 인생에 대한 안타까움이 동시에 들면 현기증이 인다. 아직도 죽은 막냇동생은 나의 기억 속에 큰 부분을 차지하고 남아 있다.

2. 나의 결혼 이야기

　S가 떠난 후 물론 나의 후유증과 상실감은 엄청났다. 난 그 며칠 간을 술에 취해 지냈다. 그녀에 대한 기억은 좀처럼 잊히지 않았다.

　내가 그녀로부터 완전히 벗어난 건 1978년에 지금의 아내를 만나 결혼을 하면서부터였다.

　나는 S와 결별한 것이 아쉽기는 하지만, 우리 가족들은 다행이라 했고 친구들은 나를 위로해 주었다. 나는 그들의 도움으로 힘든 시간을 극복하고 새로운 삶을 시작할 수 있었다.

　S가 결혼한 이후에, 한 친구가 자기네 외숙모네 집에 같이 가자고 해서 방문하게 되었다. 그 외숙모가 자신의 동생의 짝을 지어 주기 위해서 나의 친구에게 부탁을 했던 모양이다. 그 친구는 나한테 그런 사실은 알려 주지 않고 나를 유도한 것이었다. 나는 그 자리에 그 친구 외숙모의 동생이 있다는 것은 알았지만 소개받는 줄은 몰랐다. 며칠 후 외숙모 동생(현 아내)이 내가 마음에 든다고 했다. 그때는 내가 잘나가던 때였다.

　심성도 곱고 예쁜 것 같아서 나도 호감을 나타냈다. 나는 첫사랑의 여자와 헤어진 지가 얼마 안 됐다고 고백을 했다. 하지만 그녀는 내 과거에 대해 전혀 개의치 않았다. 오히려 내가 진솔하게 고백한 것을 좋게 여겼다.

그쪽 어른들이 결혼을 서둘러서 데이트할 기회도 별로 없이 바로 3달도 안 돼서 결혼을 하게 되었다. 모두가 얼굴도 예쁘고 심성도 고와 보인다고 했다. 보통 예쁘고 착한 여자는 드물었기 때문에 나는 매우 만족스러웠다.

결혼을 앞두고 친구들이 함을 팔러 가게 되었다. 보통 함을 팔 때는 함값을 둘러싸고 신부 측과 신랑 친구들 간에 실랑이를 벌이게 된다. 함 파는 친구 중에는 좋은 친구를 사위로 맞는 신부 측에서 함값을 많이 내야 한다며 더 비싸게 팔지 않으면 안 된다고 진상을 부리기도 했다. 그걸 나는 미리 대비하고 있었다. 일단 함값을 내가 좀 보태 주었다. 그래도 진상을 부릴 것을 대비하여 청계천 젊은 친구들을 몇 동원했다.

함값 흥정으로 실랑이를 벌일 때 청계천 친구들이 저쪽 골목에서 쓰윽 나타나 "우리도 친구들인데 우리도 한번 함을 메어 보자."라고 하여, 어쩔 수 없이 고향 친구들이 함을 넘겨주었더니, 그대로 신부 집으로 함을 메고 들어가 넘겨주고 말았다. 완벽하게 성공한 작전이었다.

나의 친구들은 함값을 많이 받아 낼 수 있었고, 무엇보다도 나는 친구들의 위신을 한껏 세워 주었다.

그때 우리 예비 장모님은 고운 한복을 입고 친구들을 기다리고 있었다. 그 곱게 차려 입은 한복의 자태가 매우 기품이 있어 보였다고 했다.

드디어 1978년 4월 28일 금요일에 충남 도지사이셨던 노명우 씨가 주례를 서고 결혼식을 올리게 되었다. 이 당시 결혼식은 거의가 토요일 오후나 일요일에 치렀다. 그런데 내 결혼식은 청계천 상가 등의 하객이 많아서 500명 정도의 인원을 수용할 예식장이 없었고 YWCA 강당만이 가능했는데 토요일, 일요일은 이미 예약이 다 차서 할 수 없이 금요일을 택할 수밖에 없었다. 하필 금요일이었지만 많은 하객들이 참석해 줘서 결혼식은 성대하게 치러졌다.

3. 아내 이야기

교직에 몸담고 있던 친구는 내 아내의 미모가 괜찮은 편이라고 했다. 우선 이목구비가 제대로 자리를 잡아서 뚜렷하다는 것이며 우아한 기품이 풍긴다는 것이다. 게다가 착해 보인다 했다.

그런 말을 아내에게 했더니 그냥 살포시 미소를 지을 뿐이었다.

아닌 게 아니라 아내가 한복을 입고 경복궁이나 동경 거리를 걸을 때도 힐끔힐끔 쳐다보는 사람들이 더러 있었다. 난 괜히 기분이 좋아서 속으로 웃었다.

그래서 그런지 추석 때 고향 갔다가 귀경하는 길은 늘 복잡하고 시간이 걸려서 제사를 지내면 그대로 일찍 귀경하는 것이 통상적인 일인데, 그 친구를 찾아가자는 데 반대를 하지 않았다.

그 친구 고향집을 아내와 함께 들렀는데, 그 친구 하는 말이 보통 여자는 나이가 들면 얼굴이 좀 쭈그러드는데 나의 아내는 그렇지 않다면서 착하고 예쁜 아내를 만났고, 나는 7남매 중 차남이었는데 나의 아내가 아버지와 어머니를 모셨기에 아침저녁으로 고맙다는 말을 하라는 것이다.

차남의 며느리로서, 병환으로 돌아가기 한 달 전까지 아버지를 모시고 어머니도 모셨다. 어머니는 성격이 좀 괄괄한 편이어서 꽤나 시집살이를 시켰지만 아내는 잘 참아 내고 있었다.

역시 아내는 심성이 고운 것 같다. 아내는 명절 때마다 여러 가지 선물이 많이 들어오면 우편배달부나 환경미화원, 휴지 줍는 할아버지에게 선물을 챙겨 준다. 흠집 난 것은 우리가 먹더라도 좋은 것은 남에게 먼저 준다.

아내가 아이들을 출산할 때 난 사업이 바빠서 병원에 가지 못했다. 출산 후 병실로 옮겼을 때 퇴근 후 겨우 찾아갔다. 둘째 출산 후 불갈비를 먹고 싶다하여 먹였더니, 이빨이 아파서 한 달간 고생을 했다.

돈 열심히 벌며 갈비도 제대로 한 번 못 사 주었다 생각하니 눈물이 나온다. 마음이 찢어지는 것 같았다. 일찍 자가용은 사 줬는지는 모르지만.

아내는 한평생 살림만 한 여자이다. 그녀는 사업이나 바깥일에 적극적은 아니지만 가정일과 자식 문제 등에 있어서는 누구보다 훌륭했다. 현재는 아내가 내 회사 장부를 검토해 주고 은행 업무들을 도와준다. 살림만 했던 여자라서 그게 힘들다고 하면서도 기꺼이 날 도와준다.

아내도 자식들을 몹시 그리워한다. 그래서 그녀는 일 년에 한 번 정도 미국이나 일본에 가서 한 달 정도를 머무르며 살다 온다. 그럴 때면 난 홀아비 신세가 된다. 하지만 난 아내를 위해 혼자서 겪어야 하는 불편한 삶을 감수하고 있다.

나는 아내를 위해 주말마다 국내여행을 가고 때때로 해외여행을 간다. 당연히 눈이 보이지 않는 내 자신을 위해서가 아니라 순전히 아내를 위한 것이다.

요즘 함께 관광을 다니는 이유는 나의 시력이 안 좋아 경치는 제대로 못 보지만 아내의 설명을 들으면서 경치를 상상하게 된다.

자식들에게 그랬듯 아내에게도 늘 미안한 마음뿐이다. 다른 남편들처럼 골프를 같이 쳐 주지 못하기에 그녀는 골프를 좋아했음에도 나를 혼자 두고 골프 치는 것을 단념했다. 테니스, 배드민턴 등도 다 마찬가지이다. 그 모든 걸 견뎌 주고 인내하는 그녀는 두 번 다시 없을 내 인생의 반려자이자 연인이다. 난 아내를 진심으로 아끼고 사랑한다.

4. 아이들 이야기

1992년, 지금 살고 있는 이 집으로 이사를 온 것은 이 집 건축주에게 받아야 할 돈을 보상받는 차원에서였다. 원래는 자녀들의 교육을 위해 강남구 개포동에 살았지만, 교통사고 후 북한산 자락이 건강 회복하기에 좋은 곳이라 생각해서 이곳으로 이사 오기로 한 것이다. 당시 아이들은 중학 1학년과 초등학교 4학년이었다. 아이들 교육 문제를 생각하면 강남구에 살아야 했으나 내가 건강해야 애들도 잘 키울 수 있다는 생각에서 이사를 결정하게 되었다.

지금은 무엇보다도 가족의 의미를 되새기며 화목한 가정을 이루는 데 힘쓰고 있다.

난 슬하에 딸과 아들이 있는데, 누나인 딸은 사격선수 출신으로 국가대표로 7년간을 지냈다. 사실 내가 다른 아버지들처럼 놀아 주지 못하기에 뒷바라지라도 잘해 주어야겠다고 마음으로 자식들을 키웠고, 덕분에 딸은 잘 자라 주었다.

딸이 중학교 1학년 때 아내는 건강이 좋지 않은 시기를 겪었다. 딸은 사춘기에 접어들었고, 집안 살림까지 돌보면서 힘든 시간을 보냈다.

중학교 2학년 때 딸의 성적은 상위권에서 중위권으로 떨어졌다. 딸은 운동을 하고 싶어 했고, 아내는 딸의 꿈을 응원하기 위해 태릉선수촌으로 데려갔다. 사격, 골프 등을 시도해 본 결과 딸은 사격에 적합하다는 평가를 받았다.

아내는 딸이 사격선수가 되도록 매일같이 태릉선수촌을 오가며 헌신적으로 뒷바라지를 했다. 나는 그랜저를 구입하여 편리하게 이동할 수 있도록 돕기도 했다.

태릉선수촌 코치와 임원들은 딸의 꿈을 위해 끊임없이 노력하는 아내의 열정에 감동했다. 딸을 위한 아내의 열의는 태릉선수촌 임원 등에 널리 알려졌다.

아내의 헌신적인 노력 덕분에 딸은 사격선수로 성장했다. 국가대표로 7년간 활약하며 훌륭한 성과를 거두었다.

딸은 사격선수를 그만둔 후 학교의 체육교사로 근무할 수 있으련만 미국으로 유학을 갔다. 산타모니카 칼리지의 미용학과에서 공부를 한 후 미용계에서 종사를 하다가 그곳에서 초등학교 때 동창인 남자를 만나 결혼을 했다. 사위는 의료계에 종사하고 있으며 그들 사이에 딸이 하나 있다.

아들은 미술에 소질이 있었지만 서울예고 진학에 실패했다. 그 결과 공부와 미술 둘 다 놓치고 말았다. 지방대에 진학했지만 적성이 맞지 않다고 하더니 곧 군대에 갔다. 군 복무 후 적성을 찾아 진학했다.

아들이 졸업한 후, 나는 회사를 승계시키고 싶었기에 생산라인에서 6개월간 연수를 받게 했다. 이후 사무실에서 사무와 영업을 가르치려 했다. 하지만 아들은 이 분야에 소질이 없다고 느꼈고, 일본 유학을 희망했다. 나 또한 회사보다 아들의 꿈이 더 중요하다고 생각했다. 그래서 아들의 청을 들어주고 일본 유학을 지원했다.

아들은 일본으로 유학하여 일본어를 배우고 산업디자인을 공부했다. 나는 아들의 꿈을 응원하며 그 뒷바라지를 다 해 주었고 아들은 현재 일본의 중소기업에서 산업디자이너로 일하고 있으며, 며느리는 일본 굴지의 증권 회사에 잘 다니고 있다. 화목한 가정생활을 꾸리며 살고 있는 그들은 이제 일본에 정착했다.

아들이 자신의 꿈을 찾고 행복하게 살아가는 것을 보면 기쁘다. 아들이 한국에는 자주 오지 못하지만, 꾸준히 연락하며 서로의 안부를 묻고 있다.

5. 손녀, 손자 이야기

외손녀는 중학교를 월반할 정도로 공부를 잘하는데 자식 교육을 이유로 해서 딸도 서울에는 들어오지 않는다. 난 외로움과 적적함은 내가 감당해야 할 몫이라고 생각하며 그들에게 부담을 주지 않으려 한다.

아들의 딸인 친손녀는 마음이 선하고 착한 인상을 가졌다. 친손녀는 5학년인데 자주 보고 싶지만 한국어를 못해 소통이 어려워 아쉽다. 나는 한국어를 공부시키고자 그 손녀를 영어, 일어, 한국어를 사용하는 신주쿠 사립학교에 보냈는데, 아직도 한국어로는 소통이 원활하지 못하다.

난 아들에게 그 점에 대해서는 크게 원망스럽다. 집에서도 한국어를 써야 하고, 드라마도 한국어로 보게끔 습관을 들였어야 하는데 아들은 그러지 않았다. 참으로 미운 노릇이다.

미국에 사는 외손녀는 한국어, 영어, 스페인어를 동시에 쓰는 사립학교에 2학년 때까지 다녔다. 이후 미국인 학교로 옮겼다. 외손녀는 그런대로 한국어는 잘하는 편이나 옮긴 학교가 영어만 쓰기에 한국어의 미묘한 뜻까지는 잘 이해하지 못하는 부분이 있다.

하지만 그 애는 공부를 뛰어나게 잘해서 월반까지 하게 됐다. 그리고 4월에는 미국 올림피아드 과학 경시대회에 학교 대표로 나간다. 주말마다 손녀와 통화를 하는 순간은 너무 행복해 그 시간을 기다리며 내가 일주일을 버티고 산다고 해도 과언이 아니다.

혹시라도 나의 시각 장애가 손녀, 손자에게 유전 가능성이 있을지 늘 걱정이 되었는데 검사 결과 유전은 없다는 판정을 받았다.

병원에서 유전자 분석과 치료 부분을 위해서 친자 검사를 해 보고 싶다는 요구가 들어왔다. 미국에 사는 딸과 외손녀는 너무 멀어서 오기가 힘들었고, 일본에 사는 아들과 며느리와 손녀를 병원으로 오게 해서 검사를 받게 했다. 검사 결과가 유전으로 파급된 것이 없다고 했다. 그 내용을 자연스럽게 아들과 며느리에게 보여 줬다. 미국에 사는 딸과 외손녀도 검사를 해야 하는지 물었더니, 의사의 말이 딸과 외손녀는 검사할 필요가 없다고 했다.

나는 사랑하는 가족들을 위해 3층 집을 짓는 꿈을 가지고 있다. 향후에 자식들이 올 걸 대비하여 난 3층 집을 지으려고 계획 중이다. 1층에 나와 아내가 살고, 2층에 딸네, 3층에 아들네가 사는 게 현재로서의 내 꿈이다. 그리고 정원 한편에는 내 묘를 만들어 비석을 세우고 싶다. 집은 영원히 팔지 못하게 하고 가계의 전통으로 이어 가도록 하며 날 기억하게끔 하고 싶은 마음이다.

6. 두 사돈 이야기

　나는 딸과 아들을 여의게 되어 사위도 보게 되고, 며느리도 보게 되었으나 가까이 살지 못해서 매우 유감스럽다.

　딸의 결혼식은 내게 특별한 기억으로 남아 있다. 딸의 시아버지가 되는 사돈은 성남에 있는 모 회사의 공장장으로 재직하고 있었는데, 우리는 미국에서 상견례를 하고 결혼식도 미국에서 진행했다. 대부분 미국에서 결혼식을 올리면 서울에서도 다시 한번 하는 경우가 많지만, 나는 미국에서만 결혼식을 치렀다.

　사돈과의 만남은 나에게는 어려움이 있었다. 사돈은 서울에서 자주 만나자고 했지만, 나는 사업상 바쁘기도 하고, 두세 번 만날 때마다 사돈을 몰라볼 수도 있었다.

　사돈이 내 눈이 나쁜 것을 알게 될까 봐 만나는 것을 꺼리게 되었다. 상대방을 알아보지 못한다는 것은 엄청난 실례가 되기 때문이다.

　사돈은 서울에 와서도 대면을 못하게 되었다. 명절 때 선물만 주고받았고, 나 자신의 눈이 시력이 안 좋은 것을 숨기느라 마음이 떳떳하지 못했다.

사돈이 지병으로 입원했을 때 문병을 간 이후, 여러 차례 만나자는 연락이 왔지만 시력이 안 좋기 때문에 회피하게 되었다. 지금도 사위는 이 사실을 모르고 있지만, 이 글을 통해 이해하기를 바란다.

결혼 후 내 시력은 더욱 악화되어 사돈을 알아보지 못할 정도가 되었다. 술을 마실 때도 안주를 제대로 집지 못하는 어려움을 겪고 있다. 이러한 모습이 알려지면 오히려 사돈이 민망해질까 봐 만남을 꺼리게 되었다. 사돈과 함께 편안하게 술 한잔 나누며 담소를 나누고 싶지만, 그러지 못함을 매우 아쉽게 생각하며 살고 있다.

아들 장인은 재일 교포 3세로 한국말을 전혀 하지 못한다. 경상도가 고향이라고 하며 한국에 가고 싶어 한다고 한다. 상견례 때 결혼 후 한국에 오도록 주선해 드리겠다고 약속했다.

일본에서 상견례 인사하고 결혼식 날 호텔 통로에서 만났으나 못 알아보고 그냥 눙쳐서 넘어갔다. 그분을 한국에 오시도록 모시고 싶으나 한국에서 그분을 모시고 안내하는 것이 불가능했다. 내가 눈이 나쁘니 어떻게 안내를 해 드릴 수 있겠는가?

7. 회사 경영 이유와 돈 버는 목적

    현재의 회사는 면목동에 있는 5층 건물이다. 큰 꿈을 갖고 전자상거래 프로그램을 완성시켜 실질적 영업으로 대박을 노렸던 건데 여러 가지 문제들이 있었다. 또한 사장을 두 명 뽑아서 내가 눈이 나쁜 걸 대신 시키려 했으나 그것도 실패했다. 지금은 그저 욕심 없이 운영하고 있다.

    나는 아침마다 직원들과 회의를 연다. 회의는 약 30분가량 지속되는데 난 내 머릿속에 들어 있는 큰 그림을 보여 주고 직원들에게 세부 사항들을 지시한다. 그리고 전날의 작업 일정을 보고받는데 이것에도 내가 일일이 관여를 하여 직원들을 가이딩한다.

    우리 회사의 사훈은 "오늘 일은 오늘 마무리, 고객과 직원에게 꿈과 사랑을, 도전과 창의로 무장한 내 회사"이다. 직원들이 보다 열정을 갖고 정확하고 효율적인 자세로 업무에 임해 주길 바라지만 아직은 나의 기대를 넘어서지 못하고 있다.

    아내는 나더러 눈도 나쁘고 나이도 먹었으니 그만 접고 편히 쉬라 한다. 그럼에도 불구하고 내가 현재 회사를 계속 유지하는 이유는

나의 도전 정신과 모험을 실현해 보는 터전이며

직원들의 생계 수단이 되는 일자리를 마련해 주는 것이며

결과적으로 돈을 벌게 되면 나의 생존에 필요한 만큼만 남겨 두고 사회에 환원하고자 하는 것이다.

돈 버는 것이 나 자신만을 위한 목적이 되면 천박하게 되고 인간성을 상실하게 된다. 그러나 다른 사람들을 도와줄 수단 방법으로 돈을 벌고 쓰면, 현실적으로 좋은 구제 수단이 된다.

병원에 입원해 있는 가난한 환자에게 소크라테스 같은 소리 백 번 한들 무슨 실질적인 도움이 되겠는가? 차라리 병원비에 쓰라고 얼마간이라도 보태 주는 것이 낫지 않은가!

사실 회사는 그럭저럭 현상 유지만 하는 정도이다. 아내가 회사 장부와 통장, 서류를 검토해 주는데 그녀는 사실 가정일만으로도 벅차하고 힘겨워한다. 난 최대한 내 선에서 할 수 있는 것들은 내가 직접 처리하고 있다.

또 하나의 이유는 이 회사에는 특허권이 많고 품목이 좋으며 내 머릿속에 사업 구상이 많이 되어 있고, 언젠가는 회사를 맡아 줄 적임자가 있겠지, 싶은 마음이 들어서이다.

한편으로는 다른 생각도 하고 있다. 중견기업 중 비전이 좋은 곳으

로 내 회사를 인수합병시키고 난 주식만 보유할까도 생각 중이다. 현재 두 군데에 추진을 하고 있다. 나는 늘 발전과 향상, 도약을 꿈꾸지만 스트레스나 고민 따위는 거의 없다. 타고난 천성이 열정적이고 도전적이고 모험적이어서 난 시각 장애자임에도 불구하고 사업이 이만큼 성공한 듯하다.

만약에 과학 기술의 발달에 힘입어 시각 장애를 극복할 수 있다면 이는 또 다른 문제이다. 그간 시각 장애 때문에 못 이루었던 무한한 꿈을 펼쳐 보고 싶다.

12장. 나의 조언들

1. 목표 의식을 가져라: 뜻이 있는 곳에 길이 있다

예전에 내가 청계천에서 기계공구 장사를 할 때엔 회의가 없었다. 그때만 해도 눈이 웬만큼 보였다. 월말에만 회의를 했는데 목표치를 제출하라는 게 전부였다. 그러나 지금은 목표가 아닌 왜 일이 달성되지 않았는지에 대해서 회의를 하고 있다.

내가 직원들에게 당부하는 바는 한 가지이다. 목표 의식을 가지라는 것. 일단 목표 의식을 갖게 되면 계획을 세우게 되고, 계산을 하고, 실행을 하고, 매듭을 짓게 되니까 말이다. 이 과정에서는 육하원칙을 지켜 행동력이 생기기 마련이다.

그저 열심히 하는 게 아니라 목표 달성 의지가 분명해야 한다. 우리 회사가 매번 뚜렷한 실적을 내지 못하는 이유는 목표가 분명히 서지 않아서라고 본다. 이 부분에서 난 직원들이 자신들이 왜 출근하는지를 생각해 보길 원한다.

출근을 하는 이유는 일을 하기 위해서이다. 그러면 하는 일을 언제까지 끝낼지 정하고 그때까진 매듭을 지어야 한다. 그렇게 효과를 창출해야 하는데 그러자면 목표가 있어야 한다.

직원들의 일이 아직 완벽한 단계에 이르지 않아서 난 아침에 회의를 하며 교육을 시키고 있다. 때로는 화도 내고, 훈수도 두며 상의와 토의를 한다. 모든 것에 내가 다 관여하고 있다.

 나는 직원들이 나를 보고 뭔가를 배우길 원한다. 시각 장애인 채로도 성실하고 부지런하고 열심히 산 결과 회사를 경영해 가고 있는 나를 보며 그들도 뭔가 삶에서 목표 의식을 갖고 한번 해 보자는 마음가짐을 다잡게 되길 바란다.

2. 모든 걸 관찰하라

　아울러 모든 걸 유심히 보는 습관을 들이라고 말하고 싶다. 무심코 지나칠 수도 있는 모든 일들은 눈여겨보면 모두 영감의 원천들이다. 예를 들어 내가 과거에 발명했던 마포걸레 빠는 기계나 쇼핑백, 자동차 브레이크 라이닝 소모 표시 등의 발명품들이 그러하다. 다 내가 주변에 있는 사람들과 그들이 사는 모습을 유심히 봤기에 그들의 불편함과 고충을 알아내어 더 나은 개선 방안을 모색하다가 나온 것들이다. 눈앞에 보이는 대로 보는 게 아니라 주의력을 기울여 상상을 동원해 인간과 세계를 봤던 결과물이다.

3. 모든 일에는 단계를 밟아라

사업을 키우는 부분에 있어서는 모든 일에 단계를 밟아야 한다. 아무것도 안 된 상태에서 오천만 원을 벌기는 힘들다. 그러나 일단 오천만 원을 벌면 그다음 일억은 쉬워진다. 이후 이 삼억은 또 힘들다. 하지만 십억을 벌게 되면 그때부턴 백억, 천억도 가능하다는 자신감이 붙는다. 그 자신감으로 구상한 사업을 추진하면 된다.

4. 실패는 성공의 어머니

　모든 구상이 잘되리란 100%의 가능성은 물론 없다. 하지만 성공 확률이 50%만 되면 들어가야 한다. 투자든 생산이든 일단 밀어붙이는 게 좋다. 조금 미흡한 부분이 있으면 뒤로 밀어 놓고 나서 일단 잘되는 것부터 착수하면 된다. 안 된 건 버리는 게 아니라 조금 보류하는 것뿐이다. 그리고 다음 기회에 다시 하면 된다는 생각을 가지면 된다. 그러면 모든 게 실패 없이 실현 가능한 것들이 되는 것이다.

　만일 내가 시각 장애자가 아니었더라면 어떻게 살고 있을까? 공부에 관심이 많고 누구보다도 열심히 했을 것이므로 아마도 고도의 전문직으로 나아갔을 지도 모르겠다. 한번 시작하면 끝을 보는 성격이라서 틀림없이 원하는 바를 성취했을 것이다.

　그러나 눈이 나쁨으로 인해 난 사업의 길로 뛰어들었다. 그 결과 시력이 안 좋음에도 불구하고 이 정도로 남들보다는 더 낫게 살고 있다. 부디 내 글을 읽는 사람들이 모두 목표 의식을 갖고 꿈을 크게 갖고 나아가는 길에 성실하게 열심히 살아갈 용기를 얻었으면 한다.

5. 선진국을 견학하고 후진국도 둘러보라!

우리나라 안에 있으면서 도무지 무슨 사업을 해야 할지 깜깜할 때는 우물 안 개구리에서 벗어나라. 앞으로 우리나라가 어떤 방향으로 발전할 것인지를 알려면 선진국으로 가 보라! 우리나라가 어떤 물건을 생산해서 팔지를 알려면 후진국으로 가 보라! 여기저기 돈 벌 것이 널려 있는 것이 훤히 보인다.

나는 이미 그렇게 실현 중에 있었다. 1968년도에 구로동에서 무역박람회가 열렸을 때 일본관에서 힌트를 얻어 칸칸이 나뉜 쇼핑백, 미국관에서 힌트를 얻어 마포걸레 빠는 기계에 대한 특허를 냈고 제품을 만들었다. 1980년도에는 일본에서 개최된 스쿠바 무역 박람회도 다녀왔다.

6. 먼저 꿈꾸고 도전하라

　이제는 나이가 많아서 새로운 비전을 찾기는 힘들다. 눈이 좋았다면 하고 싶었던 것들은 많다. 80년대까지 국내 공구 업계에서 매출 1위일 때 유통 과정을 제조업과 딜러를 바로 연결하는 사업을 구상해서 하고 싶었다. 그러면 오프라인 도매는 필요 없어지고 회사는 대기업화도 될 수 있었다. 마치 쿠팡처럼! 그러려면 전산 플랫폼이 잘되어 있어야 하는데 안타깝게도 난 눈 때문에 포기를 했다. 지금은 오히려 플랫폼을 만드는 게 손쉬워졌다. 그래서 다시 해 볼까도 생각 중이다. 아이디어와 아이템 면에서는 좋은 구상이다.

　새로운 비전을 찾는 게 아니라 예전부터 내가 그렸던 이 구상을 발전시켜 더 크게 사업을 해 보고 싶은 마음은 여전하다. 얼마 전 마크 저커버그와 일론 머스크가 격투기 대결을 한다는 이야기를 들었다. 난 그 대목에서 두 가지를 느꼈다. 첫째로는 그들이 모두 큰 꿈과 무한 도전으로 자신들의 아이템에 대해 무한한 자부심과 자신감을 갖고 있다는 것, 둘째로는 그들의 마음속에 아직도 순수한 열정이 있다는 것이다.

　요즘 시대에 사람들은 모두 자신이 부족하다고 생각하고 자신이 없고 꿈이 작다. 그렇지만 마크 저커버그와 일론 머스크의 대결이 시사해 주는 바가 크다. 특히 나에겐 감동적이다. 나 역시도 이 눈을 갖고도 카네기처럼 해 보자는 투지로 불타는 젊은 시절을 보냈고, 여전히 순수하게 꿈꾸고 열정으로 임한다. 젊은이들에게 여러 가지 해 주고 싶은 말이 많지만 제일 먼저 꿈꾸고 도전하라는 말을 해 주고 싶다.

만약에 나의 시각 장애가 극복된다면 또 도전해 볼 것이다.

7. 함께 나누고 베풀어라

　어리고 젊은 아이들의 미래를 응원해 주는 차원으로 난 내 모교인 초등학교에 장학금을 보낸 지가 20년이 넘었다. 시작은 1970년대에 학예회 커튼을 만들어 주면서부터였다. 그러다가 2000년부터 초등학교 1, 2등 학생에게 총 육십만 원, 중학교에 백만 원의 장학금을 보내고 있다. 액수를 늘리지 못한 이유는 내가 눈 때문에 시상식에 한 번도 참석하지 못해 장학금이 제대로 전달되는지, 잘 쓰이는지 피부로 느끼지 못한 탓이다. 그렇지만 앞으로 더 많은 금액을 보낼 예정이다.

　그리고 장학금의 수혜 대상 학생을 공부 잘하는 학생에서 장애가 있거나 생활이 어려운 학생으로 바꾸려 한다. 중고생은 이미 의무 교육 대상이기 때문에 돈이 없어서 공부를 못 하는 학생은 거의 없으리라 본다. 그러나 장애나 생활이 어려워서 고통받는 학생이 있을 것으로 생각된다.

　지난날을 돌이켜 보면 어느 정도 사업이 잘돼서, 통 크게 기부를 하려고 마음먹을 때마다 부도가 나곤 했다. 특히 IMF 외환위기 때에는 사업이 부도난 후 돈이 없어서 앞길이 막막했다. 그래서 나는 산재보험금을 받아 당장의 생계를 꾸리려고도 했다.

아내의 말대로 현상 유지만 하는 회사를 그냥 접을 수도 있지만 현재의 직원들의 생계 문제도 생각해야 한다. 이것도 일종의 나눔이고 베풂이라 생각한다.

만약에 나의 시력이 회복되어서 새로운 도전을 하게 된다면 그때부터 얻는 이윤을 모두 사회에 환원할 것이다. 이것은 모두가 덤으로 얻는 것이기 때문이고, 그간 내가 기부하고자 했던 것이 나의 기대치에 크게 미치지 못했기 때문이다.

나는 그런 면에서 빌 게이츠가 제일 부럽고 존경스럽다.

그렇다.
도전에서는 일론 머스크를!
기부에서는 빌 게이츠를!
본받고 싶다.

8. 이 세상 사람들이 모두 스승이요, 이 세상이 교과서이다

우리가 알고 배워야 할 것 중에서 학교에서 배우는 것은 극히 일부분이다. 기존의 학교와 지식에 대한 고정 관념, 선입견, 편견에서 과감히 벗어나라! 의심 없이 받아들였던 지식들에 대해서 왜? 라는 의문 부호를 붙여 봐라. 모든 가능성을 열어 두고(개방적 사고), 비판적 시각으로 바라도 보고(비판적 사고), 새롭게 꾸밀 수도 있나(창의적 사고)를 생각해 보라!

이제 AI의 시대가 도래해서 지식을 그냥 달달 외울 필요가 없게 되었다.

내가 사업을 하면서 이런 의문이 들었다. 사업을 시작했는데, 경영학을 배우지 않고도 계속 경영을 할 수 있을 것인가?

내가 일찍 학업을 포기한 것이 은근히 걱정이 되기도 했다. 나는 시각 장애로 공부보다는 돈을 벌어야 한다고 결정했는데 내가 과연 제대로 사업을 꾸려 나갈 수 있는가 하고.

학교 교육에서 벗어난 나는 무엇을 할 수 있을 것인가 무척 고민하기도 했었는데 막상 문제에 부닥치고 보면, 거기에 맞는 해결책이 나오고 있었다.

지식은 꼭 학교에서 선생님과 교과서를 통해서 배워야 하는 것만도 아닌 것 같았다. 그래서 교직에 있는 친구에게 이런 말을 했더니 그도 학생들을 가르치면서 그렇게 생각하고 있었다는 것이다.

그는 학교라는 것이, 학교 교육이라는 것이 대부분 실용성이 없다고 했다. 학교에서 배우는 것들이 우리 생활에 꼭 필요한 것을 뽑아 놓은 것도 아니며 우리가 학교에서 배우는 지식이라는 것은 수많은 지식 중에 아주 극히 일부라는 것이다.

또한 학교에서 배우는 것은
대부분 지식이지, 지혜는 아니라는 것이다.
지식은 책 속에서 나오는 것이고,
지혜는 생활 속에서 나온다고 했다.

그는 세상의 모든 이들이 스승이며 이 세상 자체가 교과서라는 것이다.

그가 말하는 것과 내가 생각했던 것이 일치해 확신과 자신감을 갖게 되었다. 그동안 가졌던 불안감에서 벗어나 더 자신 있게 사업에 임하게 되었다.

가만히 살펴보니 경영학이 있고 나서 경영 활동이 있는 것이 아니었다. 내가 경영학을 배워서 사업을 하고 있는 것은 아니었다.

이제는 학교가 아니더라도 어디에서든지, 언제든지, 얼마든지 배울 수 있다.

꼭 미네르바 대학, 태재 대학교를 검색해 보길 권유한다.

또 하나, 변화하는 과학 기술에 발을 맞춰 나가야 한다. 육체적 노동은 로봇이, 정신적 노동은 AI가 대체하게 될 것이라 한다. 눈앞이 깜깜하고 아찔하더라도 이에 잘 대응하길 빈다. 특히 AI 기술의 변화를 눈여겨보고 이를 사업에 활용해 보길 바란다.

13장. 어쩌면 나는 회고록을 두 번 쓸지도 모른다

참고로 이 글을 읽는 독자 여러분들에게 양해 부탁드립니다.

제가 회고록을 처음 쓸 때에는 이 내용이 빠졌었습니다. 그런데 아주 최근에 일론 머스크에 대한 기사(2024.2.6.)가 나오면서, 어쩌면 저의 시각 장애가 고쳐질 수 있겠다는 희망과 기대를 갖게 되었습니다. 그래서 지금부터 쓰는 글의 내용이 이 글 이전에 쓴 내용과 일부 상충할 수 있습니다.

이 글 이전에 쓴 글들은 제가 시각 장애자임을 전제로 쓴 글이고 지금부터 쓰는 글은 과학 기술의 발달로 저의 시각 장애가 극복되길 희망하고 기대하면서 쓴 글입니다.

1. 일론 머스크: 시각 장애자에게 희망을 주다

마지막으로 나의 개인적인 희망이 하나 있다.

나는 과학의 발달로 나의 시각 장애가 극복되는 길이 열리길 간절히 바라고 있다.

줄기세포 연구가 활발하게 이루어지던 당시, 나는 마침내 광명 세상을 볼 수 있을 것이라는 엄청난 기대를 했다. 조물주의 실수로 잘못 만들어진 내 눈을 생명 과학이 치료할 수 있다는 희망을 가졌다. 특히 황○○ 교수가 동물 복제에 성공했을 때, 내 눈도 온전하게 복제할 수 있을 것이라는 생각을 했다.

인공 망막 줄기세포 연구는 아직 초기 단계이지만, 그 중요성과 잠재력은 매우 크다고 한다. 앞으로 더 많은 연구와 임상 시험을 통해 시각 장애자의 시력을 회복시킬 수 있기를 기대한다.

하지만 아직은 인공 망막 줄기세포 연구가 실용화 단계까지 이르지는 못한 것 같다. 앞으로 더 많은 노력과 시간이 필요할 것으로 예상된다.

또 다른 한편으로는 희대의 천재 일론 머스크에게 기대를 걸게 되었다. 아주 최근에 다음과 같은 기사가 보도되었는데 테슬라 최고 경영자 일론 머스크가 소유한 업체에서 인간의 뇌에 컴퓨터 칩을 이식하는 임상을 시작했다고 한다. 다행스럽게도 초기 결과는 양호한 편이라고 밝혔다. 그의 업체는 이번 시험이 성공한다면 시각 장애자에게 시력을 되찾아 줄 수도 있을 것으로 전망했다.

 이는 내 귀를 번쩍 뜨이게 했다. 지금까지 절망과 어둠 속에서 살아왔던 나는 한 가닥 희망의 빛줄기를 보는 기분이다. 불치의 병인 시각 장애를 신의 실수라 생각하고 이는 운명이니 어쩔 수 없이 받아들여야 한다고 생각했었다. 그러나 이제는 내 눈의 시각 장애를 극복할 수만 있다면 신의 영역에 과감하게 도전해야 된다고 생각하게 되었다.
 뇌에 컴퓨터 칩을 이식시키기 전에는 인공 망막 줄기 세포 배양을 통한 시력 회복에 기대를 걸기도 했었다. 그러나 인공 망막 줄기세포 배양을 통한 시력 회복보다는 뇌에 인공 칩을 이식하는 방법이 더 빠르게 발전할 것으로 예상된다고 한다.

2. 시각 장애가 극복된다면 해 보고 싶은 것

아무튼 내가 시각 장애를 극복할 수 있게만 된다면! 정말 그렇게만 된다면, 내가 해 보고 싶은 것이 있다.

첫째, 내가 먼저 빠짐없이 인사하고 배려할 것이다.

내가 눈이 나빠서 상대방을 제대로 알아보지 못한 탓에 아마도 부지기수로 많은 사람들이 내가 자신들을 무시하고 모른 체했다고 생각할 것이다. 지금까지는 그런 오해를 받고 살아왔지만 만약에 나의 시력이 정상화된다면 앞으로는 그런 일은 없을 것이다. 내가 먼저 정중하게 인사하고 상대방을 배려하고 살 것이다.

둘째, 계속 도전하여 현재의 사업을 더욱 발전시키고 싶다.

젊은 날에는 돈 버는 것보다 공부를 하고 싶었는데, 눈이 나빠서 기왕에 돈 버는 쪽을 택한 이상에는 공부보다는 계속해서 사업을 번창시키고 싶다.

일론 머스크나 빌 게이츠만큼은 못 되더라도 그들에게 도전을 해 보고 싶은 생각이다. 적어도 우리나라 재벌만큼은 발전시켜 보고 싶다는 생각을 가져 본다.

나의 시력이 정상이 되고, 거기에다 나의 오기, 불굴의 의지, 투지, 끈기, 늘 배우고 새롭게 생각하는 자세라면 불가능한 것도 아니라고 생각해 본다. 나는 1970년대 중반에 이미 청계천의 샛별이라고 불렸지 않은가? 아마도 시력만 정상이었다면 거의 실패 없이 승승장구했으리라 믿는다.

나는 이미 1969년도에 50여 대의 미싱(재봉틀)을 가지고 주문자 생산을 하고 있었는데, 지금은 ○○기업으로 발전한 어떤 업체는 그 당시에 20여 대의 미싱(재봉틀)밖에 없었다. 또 그 당시에 동년배 중에 당시 나보다 규모는 작았지만 지금은 연간 매출 1조 원 가까운 기업으로 발전된 경우도 있다.

셋째, 세상 사람들의 편의를 위해서 발명과 특허를 계속 추진하고 싶다.

항시 생각하는 바이지만 나는 사람들의 노력과 수고를 덜어 주는 편리한 도구나 시스템을 만들고 싶다.

1968년도에 구로동 무역 박람회에 참여하여 칸칸이 나뉜 쇼핑백, 마포걸레 빠는 기계에서 힌트를 얻어 특허를 출원하고 제품을 생산했다. 1980년 일본 스쿠바 무역 박람회에 참여했으며 매년 국내 전시장을 관람했다. 여의도 전시장, 코엑스에도 특허 출품했다. 또한 스프링밸런스, 오토릴도 실용신안 특허를 출원했다.

특히 일상생활이나 미래에 꼭 필요한데 당장 이익이 별로 나지 않는 영역은 기업들이 생산을 하지 않으려고 한다. 나는 이런 분야, 영역에 적극 참여하고자 한다.

넷째, 새로운 것에 신속하게 접속, 활용, 적용하고 싶다.

나는 늘 새로운 것을 배우고 적용하는 것을 좋아한다. 끊임없이 배우고 성장하는 나의 성격에도 잘 맞는다. 지금은 고도의 과학 기술과 거대한 자본이 지배하는 세상이다. 하루가 멀다 하고 발전하는 최신 과학기술을 도외시해서는 뒤처질 수밖에 없다.

나의 시력이 정상화된다면 카톡도 하고, 챗GPT도 하고, AI도 활용해 보고 싶다. 나의 사업에 적용해 더욱 발전을 도모하고 싶다.

윗글은 '나의 시각 장애가 극복된다면' 하고 가정해서 쓴 글이다. 그러나 실제로 나의 시각 장애가 극복된 후라면 해 보고 싶은 일이 지금과 많이 다를 수도 있다.

3. 제2의 인생을! 두 번째의 회고록을 쓰고 싶다

그간 시각 장애로 인해서 나의 한은 엄청나게 맺혔다. 첫사랑도 일부 사업도 실패를 할 수 밖에 없었고, 수많은 배신과 수모와 불편을 겪어야만 했다.

그러나 진작 내가 유감스럽게 생각한 것은, 시각 장애로 인해서 내가 할 수 있는 일이 제한되므로, 내 스스로가 상상력을 제약하게 되어 무한한 꿈을 꿀 수 없었던 것이다. 그래서 때론 하느님을 원망하기도 하고, 남이 안 보는 데서나 잠을 잘 때 한숨을 쉬고 눈물을 흘린 적이 한 두 번이 아니었다.

그러나 자살을 생각해 본 적은 없다. 생을 포기하는 것은 언제라도 늦지 않다고 생각했기 때문이다. 일단 가 보는 데까지 가 보자는 심산이었다. 끝을 본 다음에 다시 생각해 보자는 것이었다. 나의 불굴의 투지와 오기와 끈기는 나를 지탱하는 중요한 요인이었다.

나는 일론 머스크가 부럽다. 그는 누구도 꿈꾸지 못한 것을 꿈꾸며, 단지 꿈꾸는 것에 끝나지 않고 그것을 실현시키기 때문이다.

나의 시력이 정상으로 회복된다면, 나는 제2의 인생을 살 것이다. 재도전해 보고 싶다. 지금 이제 고희(70)를 갓 넘겼지만, 다행히 규칙적인 운동으로 체력 관리를 꾸준히 했고, 온갖 좋은 보약을 많이 가져다준 친구 덕분에 100살 이상 사는 데 아무런 지장이 없을 것 같다. 무한한 꿈을 꾸면서 일론 머스크 같은 도전과 모험을 해 보고 싶다.

지금까지는 내가 시각 장애자로 살아야 한다는 것을 당연한 운명으로 받아들였다. 어쩌면 그것은 신의 뜻이라고도 생각했다. 생명에 관한 것은 신성 불가침한 창조주의 영역이라고 생각했었다. 그러나 줄기세포를 재생하고, 동물을 복제하고, 뇌의 비밀이 밝혀지면서 생각이 조금씩 바뀌기 시작했다.

신의 실수로 인해서 버려진 불완전한 생명체도, 이젠 과학의 힘으로 완전 상태로 바꿀 수 있다는 것이 알려진 이상, 신에만 의존할 것이 아니라 이젠 인간의 의도적이고 계획적인 노력에 의해서 새롭게 재창조될 수도 있는 것이다.

나의 눈이 정상이 된다면
첫 번째 회고록은 지금까지는 속은 일, 배신당한 일, 부정적인 이야기가 많이 차지했었으나, 아마도 다음 두 번째 회고록은 놀라운 성공담과 긍정적이 이야기로 가득 찰 것이다.

그간 시각 장애로 자기 한계, 자기 검열에 갇혀서 마음대로 상상도 못 하고 꿈도 꾸지 못하고 도전의 의지도 세우지 못했었다.

이제는 모든 것이 가능할 수도 있게 되었다.

고삐 풀린 야생마가 드넓은 초원을 질주하는 것처럼,
새장에 갇혔던 새가 끝없는 창공을 비상하는 것처럼,

제2의 인생을 살고 싶다.

무엇을 망설이고 무엇을 두려워하랴!
난 이미 두 번 이상 죽은 목숨이나 다름없었다.
그러나 불사조처럼 살아나지 않았는가!

내가 지금까지 억눌려 살았던, 그래서 잠재됐던 능력과 의지가 한꺼번에 화산처럼 분출할지도 모른다. 지금까지 살아왔던 것보다 더욱 도전적이고 적극적으로 살며 사업을 진행할 것이다. 지금까지의 실패도 반면교사 삼아서 반드시 성공하고 말 것이다.

그렇게 되면 나는 회고록을 다시 쓰게 될 것이다.
여러분은 나의 두 번째 회고록을 읽게 될지도 모른다.
아니! 분명히 읽게 될 것이다.

여러분께서 부디 저의 시각 장애가 극복되도록 함께 빌어 주시길!
저와 인류의 행복을 위해서!